베토벤의 커피

Beethoven's Coffee
Coffee & Music, the perfect blend

Written by Cho hee chang.
Published by Sallim Publishing, 2018.

베토벤의 커피

글 조희창

음   악,

커 피 를

블렌딩하다

살림

Ever Ever Ever

Ludwig van

thine
mine
ours

Beethoven

들어가는 말
맛의 요정, 음악의 신을 위하여

: 꿈꾸다

"어머~ 커피도 볶고 음악 강의도 하고 요리도 하고 책도 쓰고, 이걸 어떻게 다 하세요?"라고 묻는 사람들이 있다. 그럴 때면 조금 난처한 표정으로 이렇게 대답한다. "제대로 잘하는 게 없어서 이것저것 하다보니 그렇게 되었어요." 겸양을 떨려는 게 아니라 나는 항상 '박이부정(博而不精)', 넓게 알되 정밀하지 못하다는 반성 속에서 살아왔다. 그런데 오십을 넘기면서 생각을 바꿨다. 그것도 그런대로의 재주라고. 이런 사람도 필요한 세상이지 않은가 하고. 생각을 바꾸니 쓸데없는 강박이 사라지고 내 방식의 걸음걸이에 탄력이 붙었다.

그리고 나서 가장 먼저 선택한 일은 서울을 탈출하는 일이었다. '탈출'이라고밖에 말할 수 없는 것은 그게 생각보다 만만치 않은 일이었기 때문이다. 대학 입학 이후, 무려 33년간 살아온 터전을 벗어나는 일이었다. 스님이 된 친구의 부탁으로 매달 한 번씩 강의를 하러 통도사에 갔었다. 그때 우연히 근처에 오랫동안 비어 있던 3층 건물을 발견했다. 나는 홀린 듯 계약을 했고 덜컥 짐 싸들고 내려와서 카페를 열었다. 그 카페 이름이 이 책의 제목이기도 한 〈베토벤의커피〉다.

지난 3년 동안 나는 커피를 볶고 아내는 커피를 내렸다. 음악 지시어로 치자면 안단테 콘 모토(Andante con moto)로 '느리지만 생기 있게' 공간을 만들어갔다. 그래서 우선적으로 클래식 음악 강좌를 열었다. 손님들은 의외로 시골 카페에서 즐기는 음악과 커피가 편안했던 모양인지, 첫해부터 강좌 예약이 가득 찼다. 문을 연 지 3년째에 접어든 〈조희창의 해설이 있는 음악회〉는 신청 시작 한 달이면 1년 치가 매진된다. 이 시골 카페에서 진행하는 클래식 음악 강의가 매월 60명씩 매진이라니. 행복한 일이다.

게다가 매주 금요일 저녁, 자유롭게 참석해 즐길 수 있는 〈불금 클래식〉도 단골손님으로 북적이게 되었다. 얼마 전에는 통도사의 '무풍한송로'를 걷고 있었는데, 마주 오는 노스님이 "어이, 베토벤!" 하고 환하게 반기며 합장을 하셨다. 그제는 우유를 사러 마트에 갔는데, 어떤 꼬마가 "배트맨 아저씨! 안녕하세요?"라고 인사를 했다. '박이부정'하게 살아온 인생에겐 이 모든 게 고맙고 귀한 일이 아닐 수 없다.

: 채우다

바리스타나 연주자에게는 커피와 음악이 엄청난 과업이겠지만, 일반인에게는 그냥 '삶의 소소한 행복' 정도여도 좋다고 생각한다. 반드시 과테말라 우에우에테낭고, 모차르트 바이올린 소나타 K.378과 같은 이름을 들먹이며 감상하지 않아도, 그저 스쳐가는 시간의 배경으로 커피와 음악이 있어도 된다고 생각한다. 그러나 나는 강의 중에 이런 말을 자주 한다. "알지 못해도 음악은 들을 수 있다. 그런데 알면 더 잘 들린다." 마치 그저 눈인사만 하고 지내던 동네 세탁소 주인도 살아온 내력을 듣고 나면 다르게 보이는 것처럼, 지금 마시는 커피와 듣고 있는 음악을 알고 나면 확실히 다르게 와닿는다.

가끔씩 클래식 음악을 한두 번 들어보고는 "나랑은 영 맞지 않는 것 같아요"라고 단정 짓고 말하는 사람을 본다. 맛의 요정이나 음악의 신은 참으로 오묘해서 불현듯 스치는 향기와 짧은 선율 하나로도 망연자실하게 만들지만, 때로는 도무지 마음을 움직여주지 않고 멀뚱멀뚱하게 만들기도 한다. 그래서 그들과 접신하려면 기다릴 줄 알아야 한다.

기다림 속에서 새롭게 만나는 커피 한 잔과 음악 한 곡은 더 이상 이전의 맛이 아니고, 이전에 흘려듣던 음악이 아니다. 그런 식으로 발견한 맛과 음악이 모여서 한 컷씩 인생이라는 앨범을 장식한다면, 이 또한 좋지 아니한가?

: 나누다

취재를 하러 혼자 긴 여행을 다니며 알게 된 것이 있다. 혼자 보는 아름다운 풍경이 세상에서 가장 쓸쓸하다는 것이다. 아름다우면 아름다울수록 그리움과 쓸쓸함이 깊어지기 때문이다. 어쩌다보니 '혼밥' '혼술'이 유행하는 시대가 되었지만, 가장 큰 행복은 역시 사랑하는 사람과 함께 밥을 먹고 음악을 듣는 것이라 생각한다. 내가 여기에 풀어놓은 커피와 음악 이야기도 마찬가지다.

　새로 들여온 과테말라 안티구아를 딱 알맞게 볶았고, 더도 덜도 없이 맛있게 내렸다. 이 행복하고 충만한 감정을 누군가와 나누고 싶어진다. 베토벤 현악 4중주 13번의 카바티나가 흐를 때, 아! 말로는 도저히 표현할 수 없는 이 아름다움을 나누고 싶다.

　누구에겐가 맛보여주고 싶은 커피,
　누구에겐가 들려주고 싶은 음악,
　누구에겐가 먹여주고 싶은 음식,
　세상은 그런 재미로 살아가는 것 아닌가?

통도사 앞 〈베토벤의커피〉에서

조희창

차례 :

006　들어가는 말 | 맛의 요정, 음악의 신을 위하여

제1장　꿈꾸다

017　햇볕에 기댄 시간
　　　☕ 브라질 옐로 버번 & 비발디 「사계」

026　향기가 춤을 춘다는 그 말
　　　☕ 에티오피아 예가체프 & 바흐 「플루트 소나타」

036　내 사랑, 울지 말고 노래해요
　　　☕ 멕시코 커피 & 트리오 로스 판초스 「첼리토 린도」

046　말은 음악을 그리워하나니
　　　☕ 예멘 모카 마타리 & 쇼팽 「발라드」

054　맛과 이야기를 채운 잔
　　　☕ 커피잔 & 그리그 「페르귄트 모음곡」

064　오페라 같은 커피의 그리움
　　　☕ 커피의 진가 & 베르디 「리골레토 4중창」

072　그 사람만의 그 목소리
　　　☕ 향 커피 & 푸치니 「아무도 잠들지 못하리」

082　세상의 모든 밤을 위하여
　　　☕ 커피의 손맛 & 쇼팽 「녹턴」

| 제2장 | **채우다** |

095 우리는 아무것도 소유하지 못해
☕ 케냐AA & 모차르트 「클라리넷 협주곡」

104 함부로 천사를 만들지 말라
☕ 코피 루왁 & 베토벤 「교향곡 3번 '영웅'」

114 한 잔의 커피, 한 곡의 노래
☕ 가비(咖啡)의 역사 & 정지용 「고향」

124 잡초의 힘, 집시의 생명력
☕ 인도 로부스타 & 브람스 「헝가리 무곡」

134 천사와 악마 사이의 커피
☕ 커피 수난사 & 존 레논 「이매진」

144 어느 날 문득 다가오는 것들
☕ 핸드드립 & 슈베르트 「현악 5중주」

156 커피에서 느끼는 변주의 미학
☕ 인도네시아 만델링 & 바흐 「골드베르크 변주곡」

166 소중한 친구를 만드는 비법
☕ 카페라테 & 말러 「교향곡 5번」

제3장　　**나누다**

179　　섞여 있어서 좋은 세상
　　　☕ 커피의 블렌딩&브람스「바이올린 협주곡」

188　　세상에서 가장 어려운 말, 균형
　　　☕ 콜롬비아 커피&모차르트「후기 교향곡」

198　　로마로 가는 길은 수십 가지가 있다
　　　☕ 과테말라 안티구아&스트라빈스키「봄의 제전」

208　　최고의 피서는 예술에 몰입하는 것
　　　☕ 아이스커피&드보르자크「현악 4중주 '아메리칸'」

218　　커피는 가장 급진적인 음료수
　　　☕ 커피의 혁명성&베르디「노예들의 합창」

228　　매너가 사람을 만든다
　　　☕ 교양의 목표&멘델스존「무언가」

238　　겨울밤을 지키는 낮고 따스한 소리
　　　☕ 아메리카노&찰리 헤이든「미주리 스카이」

248　　좋은 사람을 만날 수 있는 곳
　　　☕ 카페의 조건&슈만「피아노 4중주」

258　　**맺음말** | 오늘의 커피, 하루의 음악

제1장
꿈꾸다

햇볕에 기댄 시간
──────── 브라질 옐로 버번 & 비발디 「사계」

: "여긴 자연이 주는 선물이 있어." 스님이 된 친구의 말에 이끌려 33년간의 서울생활을 마감하고 시골로 내려오게 되었다. 그리고 〈베토벤의커피〉라는 이름의 카페로 이곳 양산 통도사 강변길에 자리 잡은 지도 벌써 3년이 지났다. 아침에는 새소리에 잠이 깨고 해가 기울면 초저녁부터 인적 없이 고즈넉하다. 누군가 나에게 시골에 와서 가장 좋은 점이 뭐냐고 묻는다면 이렇게 대답하고 싶다. "여긴 햇볕에 빨래 말리기 좋아요."

서울에서 보낸 삶도 그런대로 나쁘지 않았다고 생각했는데, 시골에 내려와서 생활해보니 행복이란 건 빨랫줄에도 널릴 수 있는 것이었다. 통도사를 든든히 받치는 영축산 아래 햇살은 부드러우면서도 진하다. 한나절 잘 말린 빨래를 안고 방으로 들어오면, 그 가슬가슬한 질감 사이로 햇볕 냄새가 켜켜이 포개져 있다. 아내는 빨래를 안고 오면서 호들갑스럽게 말한다. "그렇지! 바로 이 냄새야."

　매일 아침 카페 문을 열기 전, 아내와 나는 오늘의 추천 커피에 대한 의견을 나눈다. 날씨, 기분, 또는 새로 들여온 생두를 소개하고 싶다는 순전히 주관적인 이유로 오늘의 커피를 정한다. 오늘은 그냥 평범한 하루다. 그래서 선택한 원두는 '브라질 세하두 옐로 버번 내추럴'이다.

　가끔 긴 커피 이름 때문에 난감한 일이 생기기도 한다. 칠판에 오늘의 핸드드립 추천 커피를 '브라질 세하두 옐로 버번―평범한 하루'라고 적어놓았는데, 손님 두 명이 와서 "나는 브라질 할래." "그럼 나는 세하두!" "옐로 버번은 어때요?"라고 묻는다. 이럴 땐 뭐라 답하기 어려워 일단 멋쩍게 웃는다. '음. 어디서부터 설명해야 하나?'

: 커피계의 태양초

커피를 재배하는 지역은 크게 아프리카와 라틴 아메리카, 그리고 아시아 지역으로 나뉜다. 그중에서 부동의 1위 생산국이 바로 남미의 브라질인데, 브라질은 잘 알다시피 축구로도 유명한 나라다. 브라질 한 나라가 세계 커피 시장의 3분의 1 이상을 꽉 잡고 있다. 특히 미나스 제라이스에서 상파울루에 이르는 동남부 지역은 세계적인 커피 곡창 지대다. '세하두'는 바로 이 지역에 위치한 지명이며 '옐로 버번'은 커피 품종의 이름이다. 그래서 국가명, 지역명, 마을명, 농장명, 협동조합명, 품종 등을 나열하면 커피의 내력을 알 수 있는 아주 긴 이름이 된다. 커피 전문점에서 바리스타가 폼 좀 잡으려고 길게 써 놓는 것이 아니다. 가령 연잎차 포장 봉투에 생산자 이름으로 '경남 양산시 하북면 통도사 자장암 ○○스님 도반모임 연잎차'라고 쓰여 있는 것과 마찬가지다.

커피 생산자들이 땀 흘려 수확한 열매는 껍질을 벗겨 씻고 말리는 몇 가지 작업이 뒤따르는데, 열매를 말리는 과정에도 여러 가지 방법이 있다. 전통적인 방식은 강렬한 햇볕에 자연 건조하는 것이다. 가장 좋은 방법이지만 동시에 가장 힘든 방식이다. 여름날에 고추 말리는 걸 본 사람은 알겠지만, 말리는 내내 소나기를 만날까 혹은 장마철 높은 습도 때문에 꾸덕꾸덕한 채 썩지는 않을까 노심초사하면서 말린다.

커피도 마찬가지다. 햇볕에 잘 건조된 생두는 커피 열매 과육의 달콤한 향이 햇살처럼 번져 뽀송뽀송한 맛이 난다. 태양초 고추에 햇볕의 기운이 스며들어 있는 것처럼, 커피콩에도 햇볕 향기가 그대로 새겨지는 것이다.

오늘의 추천 커피, 브라질 세하두 옐로 버번은 구수한 풍미에다 상대적으로 산미가 낮고 당도는 높은 편이다. 이런 커피는 언제 마셔도 편하다. 아프리카산 커피를 마시면 "오! 커피에서 이런 향이 나다니" 하는 경우가 많은데, 브라질이나 콜롬비아 커피를 마시면 "음, 커피가 원래 이런 맛이지" 하는 기분이 든다. 그만큼 브라질이나 콜롬비아의 커피는 부드럽고 중성적인 맛을 지니고 있다. 그래서 아메리카노의 블렌딩 베이스로 가장 많이 사용된다.

'가장 많이 생산되고, 가장 널리 쓰인다? 그럼 너무 평범하잖아!' 하는 생각이 들 수 있는데, 이게 바로 브라질 커피의 약점이기도 하다. 그러나 브라질은 세계 최고의 커피 생산국이다. 평범한 중저가 생두도 많지만 특별한 생두도 많다는 점을 잊지 말아야 한다.

: 협주곡의 철학 '따로 또 같이'

중간 정도로 볶은 브라질 옐로 버번을 핸드드립으로 내리며 이 편안한 맛에 어울리는 오늘의 음악을 골라본다. 이렇게 무난한 커피에 어울리는 곡이라면 역시 안토니오 비발디(Antonio Vivaldi, 1678~1741)의 「사계」 아닐까? 「사계」는 '국민 클래식 1호'로 꼽히는 곡이다. 광고와 전화벨 소리로도 나오고, 지하철역에서도 자주 들을 수 있다. 그래서 "좋아하는 클래식이 뭐예요?"라는 질문에 "비발디의 「사계」예요"라고 대답하면 클래식을 잘 모르는 사람 취급을 받기도 한다. 그러나 이 곡은 정말 훌륭하고 멋진 곡이다. 「사계」를 들으면서 봄의 3악장인지 가을의 2악장인지 구분이 잘 안 되는 분은 시간을 내서 계절별 3악장씩 구성된 「사계」의 12악장 전부를 꼭 들어보기 바란다. 바로크 협주곡의 백미이며, 표제음악의 선구적 역할을 한 이 곡은 음악사적으로도 대단하다.

서양 음악사를 돌이켜보면 르네상스 시대에 들면서 기악이 눈에 띄게 성장하는 것을 볼 수 있다. 그 이전에는 교회가 기악보다 성악을 우선시했기에 오르간이나 트럼펫 정도가 대우를 받았을 뿐, 나머지 악기는 발전할 기회가 없었다. 그러나 교회의 권위가 약해지고 르네상스의 새 기운이 불어오면서 음악에 대해서도 다양한 요구가 생겨나기 시작한다. 이에 따라 악기 제작도 활발해졌는데 스트라디바리, 과르네리 같은 명품 현악기들이 이 시기에 출현한다.

바로크 시대라 불리는 17세기에는 협주곡이라는 음악 양식이 빠른 속도로 발전한다. 협주곡, '콘체르토(Concerto)'라는 말은 라틴어 Concertare(겨루다, 경쟁하다)에서 온 것이다. 바이올린, 하프시코드 등의 독주 악기와 나머지 전체 관현악이 서로 경쟁하면서 '따로, 또 같이'

연주하는 음악 장르를 말한다.

이탈리아 출신 작곡가 비발디는 원래 사제였다. 일곱 달 만에 태어난 그는 어려서부터 몸이 허약했지만, 음악을 무척 좋아했다. 교회는 비발디의 음악적 재능을 놓치지 않고 그에게 사제의 직무보다는 베네치아의 고아 소녀들을 돌보는 피에타 보육원의 음악 교사직을 맡겼다. 비발디로서는 보육원의 어린이들에게 음악을 가르치는 소임은 신의 축복이자 은혜였을 것이다. 그는 음악 교사로 지내면서 자유로운 창작과 실험을 통해 특별한 곡을 많이 만들 수 있었다.

비발디는 특히 협주곡 분야에서 탁월한 재능을 보여주었다. 그는 총 아홉 권의 협주곡집을 출판했는데, 이 중에서 작품번호 3 「조화의 영감」과 작품번호 8 「화성과 창의의 시도」가 유명하다. 클래식 역사상 최고의 히트곡이라 말할 수 있는 비발디의 「사계」는 작품번호 8에서 네 곡만 뽑아 따로 추린 것이다.

: 일상적인 것, 평범한 것의 소중함

「사계」의 네 계절은 각 세 개의 악장으로 구성되어 있고, 모든 악장에는 그에 어울리는 시(소네트)가 붙어 있다. 예를 들자면 「봄(*La Primavera*)」 제1악장에는 다음과 같은 소네트가 붙어 있다.

> "봄이 왔네. 새들이 즐거운 노래로 인사를 하지. 그때 시냇물은 살랑거리는 미풍에 상냥하고 중얼거리는 소리를 내면서 흘러가기 시작한다. 하늘은 어두워지고 천둥과 번개가 봄을 알린다. 폭풍우가 가라앉은 뒤, 새들은 다시 아름다운 노래를 부르기 시작한다."

비발디가 직접 지은 소네트인지는 불분명하지만, 그는 이런 형식으로 시와 음악을 결합시켜서 보이는 듯 들리는 협주곡을 만든 것이다. 「봄」 제1악장은 첫 부분에 전체 악기가 연주를 하고 나면 바이올린이 혼자서 새소리를 흉내 낸다. 그러면 이 멜로디를 다시 전체 악기가 받아서 새소리에 응답하듯이 연주한다. 이어 바이올린이 시냇물과 부드러운 바람을 솔로로 묘사하면, 그것을 다시 전체 악기가 받아서 응답하며 흘러간다. 솔로 악기와 나머지 악기가 주거니 받거니 하며 진행하는 것이 가장 기본적인 협주곡의 방식이다. 비발디는 그 과정에서 주제와 응답의 대비뿐 아니라, 음색과 강약의 대비, 솔로 바이올린의 기교 등을 모두 표현해놓았다.

사제였지만 평생을 음악 속에 살다간 비발디. 성(聖)과 속(俗)의 경계에서 살다 간 비발디. 그의 협주곡을 듣고 있노라면, 협주곡이란 장르의 근본적이고 형이상학적인 가치가 생각난다. 우리가 사는 이 세상도 표면적으로 대립하는 것처럼 보이는 두 가지 속성이 서로 조화를 이루면서 돌아간다. 동양의 음양 사상이 이와 비슷하다. 성과 속, 남과 북, 동과 서, 남과 여, 자연과 인간 등의 대립 항은 서로 소통하고 섞여야만 가치가 성립한다. 그래서 '따로'가 없는 '같이'는 전체주의가 되고, '같이'가 없는 '따로'는 독선으로 망한다. 철학자 칸트 식으로 패러디하자면 '따로'가 없는 '같이'는 맹목적이며, '같이'가 없는 '따로'는 공허하다. 협주곡이 지향하는 세계관이 바로 이것이 아닐까 한다.

브라질 원두는 평범하지만 편안하다. 「사계」는 언제 어디서 들어도 좋다. 음악회에 가서 들어도 좋고 운전을 하며 들어도 편안하다. 치과 베드에 누워서 충치 치료를 받으면서 들어도 좋을 정도다.

나도 한때는 시리고 강렬하고 특별한 것에 끌리던 시절이 있었다. 물론 그것은 그것대로 좋다. 그러나 빨래에 스민 햇볕처럼 일상적이고 편안한 것의 소중함을 알게 되는 데는 세월이 필요했다. 영웅이나 천재, 스타가 아닌 그저 곁에 있어서 좋은 사람처럼 말이다.

: 놓칠 수 없는 음반 :

비발디 「사계」 – 콘체르토 이탈리아노 / 리날도 알레산드리니(Rinaldo Alessandrini, 바이올린)

파비오 비온디(Fabio Biondi)가 이끄는 '에우로파 갈란테'의 「사계」 음반이 히트를 친 이후, 빼어난 기량을 과시하는 고음악 전문 연주자들의 음반이 폭발적으로 늘어났다. 「일 자르디노 아르모니코」의 오노프리, 「콘체르토 이탈리아노」의 알레산드리니, 「베니스 바로크 오케스트라」로 독립한 카르미뇰라 등이 대표적이다. 이들의 음반을 독일계 고음악 단체들의 연주와 비교해보면 그 차이를 알 수 있다. 역시 클래식은 해석의 차이를 들여다보는 재미가 최고다.

비발디 「사계」 – 리샤르 갈리아노(Richard Galliano) 편곡

「사계」는 셀 수 없을 만큼 많은 편곡 음반이 있다. 기타, 오보에, 플루트 같은 악기를 비롯해 얼후, 벤조, 전자기타 등 다양한 악기로 연주한 사계를 들을 수 있다. 그중에서도 아코디언의 달인 리샤르 갈리아노가 편곡·연주한 「사계」는 각별하다. 파리의 성당에서 다섯 명의 현악 연주자들과 함께 녹음한 이 음반은 아코디언이 주는 따스하면서도 쓸쓸한 음색이 매혹적이다.

: 유튜브에서 보고 듣기 :

비발디 「사계」 – 뮤직채플앙상블 / 줄리아노 카르미뇰라(Giuliano Carmignola, 바이올린)

카르미뇰라는 고음악 바이올린계의 스타다. 그들은 「사계」가 바로크 시대의 음악이란 것을 잊어버릴 정도로 명료하고 박진감 넘치는 연주를 들려준다.

비발디 「사계 편곡」 – 앙상블 LPR, 다니엘 호페(Daniel Hope, 바이올린)

영화 음악, 무용 음악 등을 두루 섭렵한 독일 작곡가 막스 리히터(Max Richter)가 「사계」를 편곡했다. 그는 이 작품이 단순한 편곡이 아니라 재창조라는 뜻에서 '재작곡(Recompose)'이라는 단어를 사용했다. 「사계」와 현대적 일렉트로닉 사운드의 결합이랄까? 아무튼 유럽에서 엄청난 인기를 끌었다.

비발디 「네 대의 바이올린을 위한 협주곡 RV.580」 – 일 자르디노 아르모니코

비발디는 엄청나게 많은 협주곡을 쓴 작곡가다. 그러다보니 「사계」 외에도 멋진 바이올린 협주곡이 아주 많다. 2대, 3대, 4대의 바이올린을 위한 협주곡도 있고, 이 밖에 만돌린 협주곡, 플라우티노 협주곡 등 특별하고 맛깔스러운 곡이 가득하다.

제1장
꿈꾸다

향기가 춤을 춘다는 그 말
――― 에티오피아 예가체프 & 바흐 「플루트 소나타」

:   나는 전형적인 저녁형 인간이다. 밤이 되면 황금박쥐가 되고, 아침이 되면 병든 닭처럼 비실거린다. 아마도 20대부터 새벽까지 글을 쓰고 음악 듣는 일을 수시로 일삼다보니 그리된 것 같다. 그러나 무라카미 하루키처럼 매일 새벽에 일어나서 마라톤 연습을 하면서도 세계적인 작가의 반열에 올라선 사람도 있으니 일의 형태를 탓할 건 아닌 것 같다.

  우리 집의 아침은 고양이들의 수선스러움으로 시작한다. 아내가 먼저 일어나 고양이들의 밥을 챙기고 세탁기를 돌리기 시작하면, 나는 그 소리에 부스스 일어나 흐느적거리는 발걸음으로 카페에 가서 커피를 내린다. '오늘의 커피'를 갈아서 드리퍼에 털어 넣고 그 위에 뜨거운 물을 동그랗게 돌려 부으면, 카페 안에 커피 향이 차오르면서 몽롱했던 정신이 조금씩 맑아진다. 그리고 나서 커피잔에 코를 들이대고 입술을 적시면 그제야 잠은 달아나고 진짜 아침이 시작된다.

: 커피에서 피어오른 꽃향기

물론 내가 처음부터 커피 감각을 타고난 것은 아니다. 나 역시 일회용 스틱 커피부터 멀건 아메리칸 스타일의 커피 사이를 왔다갔다 하며, 그것이 커피의 전부인 줄 알았던 때도 있다. 그러던 내게 찾아온 첫 번째 충격은 유럽 출장길에서 맛들인 에스프레소였다. 그 타는 듯이 진한 에센스란……. 마시고 돌아오는 내내 입속에서 커피 향이 떠나지 않았다. 그리하여 나는 치보, 라바차, 일리 등의 상표를 열거해가며 에스프레소를 찾아 마셨고, 급기야 작은 모카포트를 사서 집에서 끓여 마시기 시작했다.

에스프레소의 사도가 된 나는 열심히 에스프레소 예찬론을 펼치며 돌아다녔다. 그러나 인생살이 천외천(天外天)이라, 우연히 접한 한 잔의 드립식 커피로 인해 내 에스프레소 신앙생활은 무너져내렸다. 세상에나! 꽃향기가 올라오는 커피라니. 그 원두의 이름은 '에티오피아 예가체프'라고 했다.

지금이야 워낙 흔한 원두이지만, 25년 전 우리나라에서는 제대로 된 예가체프를 만나기가 쉽지 않았다. 예가체프의 특징은 뭐니 뭐니 해도 향기다. 커피잔을 잡는 순간 부드러우면서 짙은 꽃향기가 춤을 추듯 후각을 자극한다. 첫 모금을 넘기면 달콤한 신맛이 혀를 적시고, 삼키고 나면 부드러운 질감 속에 아련한 향이 남는다.

예가체프 커피는 커피의 고향인 아프리카 에티오피아에서 생산된다. 예가체프는 에티오피아 남부의 지역 이름이며 더 세분해서 들어가

자면 첼바, 이디도, 암바사, 코케, 미칠레, 코체레 등의 작은 마을 이름 또는 협동조합 이름이 뒤에 붙는다. 에티오피아는 커피가 국가 전체 수출액의 절반을 차지하는 대표 상품이어서 2만여 개에 가까운 국영 농장과 30만 개를 어림잡는 소규모 농장이 전국에 어마어마하게 분포되어 있다.

지도를 펴놓고 커피가 퍼져나간 이동 경로를 보면 아주 재미있다. 기원후 500년경부터 에티오피아에서 시작된 커피는 예멘을 거쳐 아라비아반도로 전해졌다. 기록에 따르면 1475년, 지금의 터키 이스탄불인 콘스탄티노플에 세계 최초의 커피하우스가 생겼다고 한다. 이것이 베네치아 상인들의 손을 거쳐 유럽으로 들어갔고, 1645년에는 베네치아에 유럽의 첫 커피하우스가 문을 열었다. 이후 커피는 엄청난 속도로 유럽에 퍼졌다. 1652년 처음 문을 연 런던의 커피하우스는 10년 만에 82개로, 1671년 처음 생긴 파리의 커피하우스는 1750년이 되자 600여 곳으로 늘어났다. 1683년에는 빈에, 1694년에는 라이프치히에도 커피하우스가 속속 등장했다. 이로써 커피는 명실상부한 유럽의 음료수로 자리 잡게 되었다.

: '음악의 아버지'가 만든 최초의 커피 CM송

커피를 예찬한 요한 제바스티안 바흐(Johann Sebastian Bach, 1685~1750)의 「커피 칸타타」도 커피가 유럽의 음료수가 되어가는 과정에서 작곡되었다. 우리가 흔히 '음악의 아버지'라고 부르는 바흐는 성실하고 진중한 사람이었다. 평생을 교회에서 일했기 때문에 그의 음악은 대부분 깊고 무거운 종교적 울림을 가지고 있다. 그런 그도 몇 곡은 세속적 내용으로 작곡했는데, 그중에 가장 잘 알려진 것이 바로 바흐 작품번호 211번 「커피 칸타타」다. 원제목은 '가만히, 소리 내지 말고(Schweigt stille, Plaudert nicht)'이지만 흔히들 「커피 칸타타」로 부른다.

당시 바흐가 일하던 라이프치히는 커피하우스가 막 꽃피는 때였다. 바흐는 '짐머만 커피하우스'라는 곳을 단골로 드나들며 커피를 마셨는데, 그곳에서 작은 음악 발표회를 열기도 했다. 커피에 대한 애정으로 커피하우스의 홍보를 위해 작곡한 음악이 바로 이 곡이다. 커피를 그만 마시라고 잔소리하는 아버지와 커피 없이는 살 수 없다는 딸의 이야기가 노래로 이어지는 한 편의 뮤직드라마라고 보면 된다. '피칸더'라는 예명을 쓰는 극작가 크리스티안 프리드리히 헨리치(Christian Friedrich Henrici, 1700~1764)가 대본을 썼고, 바흐가 곡을 만들었다.

칸타타가 시작되면 해설자 역할을 하는 테너가 이렇게 노래한다.

"가만히, 소리 내지 말고, 지금 벌어지는 일에 귀 기울여봐요. 저기 슐렌드리안 씨가 딸 리센과 함께 오고 있군요. 곰처럼 소리치고 있네요. 대체 딸이 무슨 일을 저질렀기에 그러는지 들어봅시다."

그러면 아버지가 베이스 목소리로 투덜거린다.

"자식이 있다는 건 수천 가지 짐을 지고 있는 거나 다름없어. 매일 말해도 저 애는 한쪽 귀로 듣고 한쪽 귀로 흘려버리네."

아버지가 투덜거리는 이유는 모두 커피 때문이다. 아버지는 당시 폭풍처럼 유행하게 된 커피와 매일 커피 타령만 하는 딸을 도무지 이해할 수 없었다. 그러나 딸은 만만치 않았다. 제발 커피 좀 그만 마시라는 아버지의 얘기에 딸은 이렇게 대꾸한다.

"아빠, 너무 그렇게 까다롭게 굴지 마세요. 커피를 하루에 세 잔 이상 못 마시면 전 고통에 차서 쪼그라들고 말 거예요. 구운 염소 고기처럼 말이에요."

이렇게 말하면서 곁들여 부르는 노래가 이 칸타타에서 가장 유명한 소프라노 아리아인 「아, 커피 맛은 기가 막히죠(Ei! wie schmeckt der Coffee süße)」다.

"아, 커피 맛은 기가 막히죠. 수천 번의 키스보다 더 달콤하고, 맛좋은 포도주보다 더 부드럽죠. 커피, 커피, 난 커피를 마셔야 해요. 내게 즐거움을 주려거든, 아……. 커피 한 잔을 채워줘요."

아버지의 말을 귓전으로 흘리면서 딸이 부르는 아리아는 당시 커피의 위세가 어땠는지 보여준다. 아울러 '자식 이기는 부모 없다'는 말이 동서고금에 통한다는 생각도 들게 한다.

이 솔로 아리아는 가사나 곡조도 재미있지만, 노래 주위를 쉼 없이 맴도는 플루트 소리가 정말 멋지다. 사실 바흐 칸타타에서 아리아의 매력은 솔로 악기와 노래가 어우러지는 모습이다. 플루트는 바흐가 무척 좋아하던 관악기다. 바흐가 살던 당시에는 뵘의 개량형 플루트가 나오기 이전이라서 플루트 구조가 아주 단순했다. 소리는 현대의 플루트와 리코더의 중간 정도라고 생각하면 되겠다. 이렇게 단순한 악기로 바흐는 수많은 명곡을 만들었다.

바흐 작품 목록에는 「무반주 플루트를 위한 파르티타 A단조 BWV.1013」「플루트와 쳄발로를 위한 소나타 BWV.1030~1032」「플루트와 통주저음을 위한 소나타 BWV.1033~1036」「두 대의 플루트와 통주저음을 위한 소나타 BWV.1039」와 같은 플루트 곡들이 있다. 이 외에 「브란덴부르크 협주곡」 2번과 5번, 「관현악 모음곡」 2번에도 플루트의 역할이 두드러지며, 「커피 칸타타」를 비롯한 많은 칸타타 아리아에서도 플루트가 곁에서 화려한 춤을 춘다.

요즘 연구된 결과에 따르면 BWV.1031과 1033은 바흐의 진짜 작품이 아닌, 차남인 C.P.E.바흐의 작품이거나 위작일 것이라 한다. 그렇다고 하더라도 이 곡이 주는 아름다움에 대해서는 모두가 인정하는 사실이며, 바흐가 플루트를 사랑했다는 사실에 대해서도 이견은 없다.

: 봄날의 나비 같은 플루트 소리

한가하고 나른한 오후에는 바흐 플루트 곡이 잘 어울린다. 나는 유난히도 소나타 BWV.1031의 2악장 「시칠리아노」를 좋아한다. 봄날에 햇볕 좋은 곳에 앉아 휘파람으로 이 멜로디를 부르고 있으면, 하늘에서 꽃비라도 내릴 것 같은 기분이 든다.

특히 오늘같이 이렇게 봄기운이 가득히 피어오르는 날, 바흐가 그리도 좋아했다는 커피를, 그중에서도 에티오피아 예가체프를 마시면서 그의 플루트 음악을 듣고 있노라면 무언가 아득한 것이 시공을 뛰어넘

봄기운이 가득히 피어오르는 날,
바흐가 그리도 좋아했다는 커피를,
그중에서도 에티오피아 예가체프를 마시면서
그의 플루트 음악을 듣고 있노라면
무언가 아득한 것이 시공을 뛰어넘어 찾아든다.

베토벤의
커피
·

어 찾아든다. 슬픔도 기쁨도 아닌, 봄의 떨림 같은 것이 나비처럼 나풀나풀 춤을 추며 아른거린다.

이대로 잠이 든 후 깨어나면 세상이 100년 정도 지나 있을 것만 같다. 잠에서 깨어 주위를 둘러보는 상상을 한다. 스님 한 분이 보이기에 묻는다. "스님! 여기는 어딘지요? 사람들은 모두 어디로 갔나요?"

그런데 스님은 말없이 빙그레 웃으며 지나간다. 온천지에 꽃향기만 흩날린다.

: 놓칠 수 없는 음반 :

바흐「커피 칸타타」- 고음악 아카데미 / 크리스토프 호그우드(Christopher Hogwood)

바흐의 세속 칸타타 중에서「커피 칸타타」와「농민 칸타타」를 커플링해놓은 음반이다. 숱한 바흐 음반 중에서 이 음반을 택하는 이유는 순전히 엠마 커크비(Carolyn Emma Kirkby)의 목소리 때문이다. 오페라에 마리아 칼라스(Maria Callas, 1923~1977)가 있다면, 고음악에는 엠마 커크비가 있었다고 할 만큼, 그녀의 목소리는 투명하고도 아름답다.

바흐「플루트 소나타」- 엠마뉘엘 파위(Emmanuel Pahud, 플루트)

파위의 플루트와 트레버 피노크(Trevor Pinnock)의 하프시코드. 둘의 어울림은 흠잡을 데 없이 아름답다. BWV.1031의 제2악장「시칠리아노」가 가장 유명하긴 하지만, 이 밖에 BWV.1033, 1034, 1035의 제1악장, BWV.1032의 제2악장 등이 모두 멋지다.

 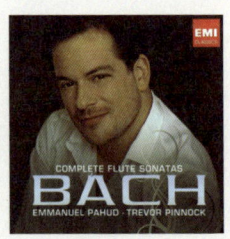

: 유튜브에서 보고 듣기 :

바흐 「관현악 모음곡 2번, BWV.1067」 – 암스테르담 바로크오케스트라 / 톤 코프만(Ton Koopman)

전형적인 바로크 무곡 모음곡이지만 플루트의 비중이 대단히 큰 곡이다. 특히 '폴로네즈 – 미뉴에트 – 바디느리'로 이어지는 후반부는 각종 CF나 시그널 뮤직에 단골로 등장할 만큼 인기가 있다.

C.P.E. 바흐 「플루트 협주곡 D단조」 – 안드라스 아도얀(András Adorján, 플루트), 뮌헨 바흐 콜레기움 / 크리스토프 호그우드(Christopher Hogwood)

C.P.E. 바흐는 바흐의 첫 번째 아내 바르바라에게서 태어난 다섯 명의 자식 가운데 차남이다. 동시에 바흐의 자식 중에서 가장 음악성이 높은 작곡가로 당대에도 유명했다. 그의 곡들은 그야말로 '청출어람'이다. 세 개의 플루트 협주곡을 남겼는데, 나는 D단조의 이 곡이 제일 좋다.

바흐 「시칠리아노」 – 예프게니 키신(Evgeny Kissin, 피아노)

BWV.1031 제2악장 「시칠리아노」의 멜로디는 너무나 인기가 있어서 각종 악기로 편곡되어 연주된다. 가장 많이 편곡되는 악기는 역시 피아노 편곡이다. 빌헬름 켐프(Wilhelm Kempff)가 편곡한 버전을 젊은 시절의 키신이 연주한 영상이다. 비록 영상물로 남아 있지는 않지만 켐프의 오리지널 연주도 같이 들어보면 좋겠다. 대가의 위대함을 느낄 수 있다.

내 사랑, 울지 말고 노래해요
―――――― 멕시코 커피 & 트리오 로스 판초스 「첼리토 린도」

: 　　　　　나로 말하자면 살면서 7년 정도 회사생활을 했고, 나머지 기간은 모두 프리랜서와 자영업을 겸하고 있다. 프리랜서와 자영업자의 비애는 돈과 시간이 정확히 반비례한다는 것이다. 시간이 많으면 돈이 없고 돈이 좀 모인다 싶으면 도무지 시간이 없다. 그 결과로 나타나는 반응은 두 가지다. 첫 번째 부류는 매일 징징거리는 스타일이다. 돈이 없다고 징징거리든가 바빠 죽겠다고 징징거린다. 소수이지만 두 번째 부류도 있다. 돈이 안 벌리는 경우엔 놀아서 좋다고 하고, 시간 없이 바쁜 날엔 돈 벌어서 좋다고 생각하는 스타일이다.

　두 번째 부류가 이상적이라고 누구나 말은 쉽게 하지만, 팍팍한 현실 속에서 이렇게 말하기는 쉽지 않다. 삼대에 걸쳐 복을 잘 지어 살림이 넉넉한 후손이라면 몰라도 자영업자가 욕심을 버린다는 것은 거의 득도 수준의 마음 수련이 필요한 이야기다. 그래도 이런 식으로 마음을 먹고 살면 좀 편해지는 것 같기는 하다. 징징거린다고 해서 딱히 나아질 것도 없으니 마음이라도 좀 더 챙기면서 사는 것이 현명하지 않겠는가.

: 힘을 뺀 커피가 맛있다

오늘은 새로 들어온 멕시코 익스와틀랑을 볶았다. 과거에 몇 번 맛본 멕시코 원두들이 그다지 신통치 않아서 그동안 멕시코 생두엔 별로 손이 가지 않았다. 멕시코 커피는 세계 커피 시장에서 생산량으로는 항상 10위권 내에 드는 메이저 국가이지만, 품질 면에서는 그리 주목받지 못한 것이 사실이다. 지도를 보면 멕시코 남부 쪽이 '커피 벨트'가 지나가는 곳이다. 그래서 북부에서는 커피를 재배하지 않고 남쪽 고원 지대에서 대부분의 커피를 생산한다. 다른 나라에 비해 표고가 낮은 지역에서 생산되는 커피가 많아서인지 질적으로 중하품이 많았다. 게다가 기반 시설이 열악한 소규모 농가가 대부분이라 품질도 들쑥날쑥했다. 이런 배경이 멕시코 커피를 질 낮은 커피로 인식하게 했다.

그러나 2000년대 들어서면서부터 이른바 '마이크로 랏(Micro Lot)'이라 부르는 작은 농장에서 재배되는 고품질 커피가 계속 늘어나고 있다. 게다가 조합 형태로 소규모 농장들을 운영하며 체계적으로 관리하고 있다. 오늘 볶은 원두도 그런 종류의 생산품이다.

전체적으로 멕시코 커피는 순하고 깔끔하다. 잘 재배한 마이크로 랏 커피는 기본적인 깔끔한 맛에 과일 향과 견과류의 맛이 살짝 가미되어 있다. 이런 커피를 마시면 조금은 낙천적인 기분이 든다. 특출하진 않지만 모나지도 않은 편안함이 전해진다. "인생은 가까이서 보면 비극이지만, 조금 떨어져서 보면 희극이다"라는 찰리 채플린의 말처럼 나를 둘러싼 세상을 좀 더 느슨하게 바라보게 되는 것이다. 멕시코 익스와틀랑을 마시며 혼자 중얼거린다. "괜찮아, 이 정도면 됐어."

커피를 마시든, 요리를 하든, 음악을 듣든, 오디오를 꾸미든, 너무 심각하게 매달리면 오히려 기쁨이 없어진다. 지난 달에 봄 학기 정기 강좌를 마치고 조금 이른 휴가를 다녀왔다. 여행지의 호텔에서 실내 수영장에 갔는데 오랜만이어서인지 자꾸 어깨에 힘이 들어가서 물속에서 앞으로 나아가는 게 힘들었다. 그런데 한 30분 정도 지나니 힘이 좀 빠지면서 오히려 쉽게 떠내려가는 걸 느꼈다. 힘이 너무 들어갔다는 지적은 무엇을 배우든 초급자가 많이 듣는 소리다. 운동할 때도 그렇고 악기 연주를 할 때와 빵 반죽할 때도 선생님으로부터 어깨에 힘을 빼라는 말을 수없이 듣는다. 힘을 적절히 뺄 수 있어야 오래 버틸 수 있고, 힘이 필요할 때 쏟을 에너지도 생기기 때문이다. 그래서 힘을 뺄 수 있는 능력이라는 '탈력(脫力)'이 초급과 중급을 가르는 분기점이라고 한다.

커피도 마찬가지라서 너무 힘을 주면 맛이 없다. 초보 로스터들은 항상 힘을 주고 싶어한다. 생두의 산지뿐 아니라 함수율, 스크린 사이즈, 마이야르 반응 어쩌고 하면서 대단히 복잡한 이야기로 무장하는 것을 자랑스럽게 생각한다. 물론 초보 시절에는 진지한 배움이 필요하다. 그러나 이런 지식은 조금 높은 담장에 올라갈 사다리 역할일 뿐이다. 가장 중요한 일은 힘을 빼고 그 자리에 즐거운 마음을 담는 것이다.

어떤 이는 "목숨을 걸고 오늘의 커피를 볶아라"라는 무시무시한 문구를 로스팅 기계에 붙여놓았다고도 한다. 열심히 볶겠다는 의지가 보여 멋있다고 생각하는 사람도 있겠지만, 나는 이런 식의 표현이 불편하다. '목숨을 걸고 달려라'라는 말도 '목숨을 걸고 사랑하라'는 말도 싫다. "목숨을 걸고 당을 지키겠다"는 정치인의 말은 믿지도 않는다. 뭘, 목숨을 걸 것까지야? 내 생각이지만 그런 식으로 호들갑을 떠는 사람들은 거의 외골수이기 쉽다. 자기중심으로 무언가를 강요하는 사람이 그런 식이다. 너무 힘주지 말고, 너무 잘하려고도 하지 말고, 너무 자신을 괴롭히지도 않는, 그런 편안한 커피가 나의 커피가 되면 좋겠다.

: 트리오 로스 판초스의 낙천적인 노래들

멕시코 커피를 내렸으니 이왕이면 편안한 멕시코 음악도 하나 들어봐야 하지 않겠는가. 전 세계적으로 알려진 멕시코 음악의 이미지는 뭐니 뭐니 해도 마리아치 밴드다. 전통의상인 '차로'를 입고, 챙 넓은 멕시코 모자 '솜브레로'를 쓴 그들은 인심 좋은 아저씨같아 보인다.

    마리아치(Mariachi)는 결혼을 뜻하는 'Mariagero'에서 생겨난 단어이다. 결혼식이 있으면 어김없이 나타나서 노래를 부른다고 해서 붙은 이름이라고 한다. 시간이 지나면서 트럼펫과 바이올린, 기타 등이 추가됐고 마리아치 밴드 중에서 유명한 그룹도 생기기 시작했다.

    수많은 마리아치 중에서도 트리오 로스 판초스(Trio Los Panchos)의 이름은 세계적으로 유명했다. 오리지널 멤버는 멕시코 태생의 알프레도 질(Alfredo Gill), 추초 나바로(Chucho Navarro), 그리고 푸에르토리코 출신인 에르만도 아빌레스(Hermando Aviles)였다. 그들은 1944년에 뉴욕에서 처음 만나 트리오를 결성했다. 오직 기타 세 대만으로 반주하면서도 라틴 아메리카의 거의 모든 노래를 불렀고, 셀 수 없이 많은 베스트셀러 음반을 만들어냈다. 멕시코 영화의 황금기인 1950~1960년대에는 무려 50여 개의 영화에 출연하기도 한 유명 인사다.

"인생은 가까이서 보면 비극이지만,
조금 떨어져서 보면 희극이다."
— 찰리 채플린

트리오 로스 판초스는 라틴 볼레로 노래를 정말 맛깔나게 잘 불렀다. 부드러운 화음과 리드 싱어의 짜릿한 고음이 적절히 안배된 노래는 모든 이의 마음을 사로잡았다. 게다가 알프레도 질이 민속 기타를 개량해서 만든 레퀸토 기타는 일반 기타보다 카랑카랑하게 높은 소리를 냈다. 노래 중간마다 나오는 이 레퀸토 기타 솔로는 그들의 트레이드마크였다. 그들이 부른 「아도로(*Adoro*)」 「시보니(*Siboney*)」 「사랑의 역사(*Historia de un Amor*)」 「마리아 엘레나(*Maria Elena*)」 등 주옥같은 명곡이 한국 땅에까지 울려 퍼졌다. 조영남이 불러 히트한 「제비(*La Golondrina*)」는 얼마나 유명해졌는지 번안곡인데도 불구하고 조영남의 노래라고 우기는 사람이 있을 정도였다.

: 황당한 한국의 번안곡

1960~1970년대엔 번안곡이 아주 많았다. 멜로디가 이국적이다 싶으면 거의 번안곡이었다. 번안곡 중에는 정말 말도 안 되는 가사도 많았다. 「베사메 무초(*Besame mucho*)」라는 곡이 대표적이다. 원래 이 말은 '키스를 많이 해줘'라는 뜻이다. 오늘 밤이 지나면 떠나가야 하는 연인에게 이 밤에 함께 있는 동안만이라도 많이 사랑해달라는 애절한 노래인데, 이게 우리나라에 들어와서 여자 이름이 되고 말았다. "베사메 무초야, 리라 꽃 같은 귀여운 아가씨, 베사메 무초야, 그대는 외로운 산타마리아"라는 가사로 가수 현인이 불렀는데 꽤 인기가 있었다.

그런데 이보다 더 황당한 경우도 있다. 같은 멕시코 민요 중에 「라 쿠카라차(*La Cucaracha*)」라는 노래가 있는데, 예전에 초등학교 음악책에도 수록된 적이 있다. "라 쿠카라차, 라 쿠카라차, 아름다운 그대여, 아련하다 그대 모습······"으로 번안해서 불렀다. '라 쿠카라차'는 바퀴벌레라는 뜻이다. 멕시코의 바퀴벌레가 우리나라에 들어와서 '아름다운 그녀'가 되어버린 것이다. 아마도 노래 멜로디가 아름다워서 원래의 뜻은 알아보지도 않고, 그냥 가사를 붙여 부른 것이 아닐까 생각한다.

「라 쿠카라차」는 밝고 경쾌한 리듬이 매력적인 노래이지만, 가사 내용을 들여다보면 멕시코 민중의 애환이 서려 있는 곡이다. 이 노래는 1910년부터 1920년까지 이어진 멕시코 혁명 당시에 농민들이 즐겨 부르던 노래였다.

"누군가 나를 미소 짓게 하는 사람. 그건 바로 셔츠를 벗은 판초 비야라네. 카란사의 군대는 벌써 도망가버렸네. 판초 비야의 군대가 오기 때문이지."

가사에 나오는 등장인물인 판초 비야(Pancho Villa, 1878~1923)와 에밀리아노 사파타(Emiliano Zapata Salazar, 1879~1919)는 우리나라의 전봉준에 비할 만한 멕시코의 민족 영웅인데, 멕시코 농민 혁명군을 이끌고 투쟁했지만 끝내 암살되고 만 비운의 장군들의 이름이다. 그러니 「라 쿠카라차」는 간단한 노래 속에 농민의 비애와 투쟁의 역사를 함축하고 있는 것이다. 중요한 점은 이렇게 심각한 내용을 가진 노래이지만, 그들은 결코 악쓰거나 징징거리며 노래하지 않는다. "뭐, 이 정도 고생쯤이야 다들 겪는 거 아냐? 흐흐, 데킬라나 한잔하자고" 하는 식이다.

그런 의미에서 오늘 멕시코 커피와 아주 잘 어울리는 음악을 하나만 꼽으라면, 빈센테 페르난데스(Vicente Fernandez)가 만들고 트리오 로스 판초스가 부른 「첼리토 린도(*Celito Lindo*)」를 고르겠다. 직역하면 '아름다운 하늘'이라는 뜻이지만 당연히 사랑스러운 여인을 비유한 말이다. 플라시도 도밍고(Placido Domingo), 알프레도 크라우스(Alfredo Kraus) 같은 명테너들도 즐겨 불렀다. 그러나 나는 역시 트리오 로스 판초스가 부른 버전이 제일 좋다. 사랑하는 사람에게 울지 말고 노래하자고 위로한다. 노래가 가슴(Corazon)을 밝혀줄 것이라고 한다. 오호라! 이 간단한 가사가 바로 멕시코의 저력이고 멕시코 커피의 진정한 맛이구나.

"시에라 모레나에서 아름다운 하늘이 내려와요.
사랑스런 검은 두 눈.
금지된 아름다운 하늘.

당신 입술 옆에 있는 아름다운 점 말이에요.
그건 누구에게도 주면 안 돼요.
내 사랑, 그건 내 것이에요.

아이, 아이, 아이
울지 말고 노래해요.
왜냐하면 내 사랑, 노래는 모든 가슴을 밝혀주거든요."

제1장
꿈꾸다

: 놓칠 수 없는 음반 :

트리오 로스 판초스 「첼리토 린도」

오리지널 멤버는 멕시코 태생의 알프레도 질, 추초 나바로, 그리고 푸에르토리코 출신인 에르만도 아빌레스였다. 알프레도 질과 추초 나바로는 처음부터 마지막까지 자리를 지켰지만, 리드 싱어는 계속 바뀌었다. 아빌레스의 뒤를 이어 훌리토 로드리게스(Julito Rodríguez), 조니 알비노(Johnny Albino), 오비디오 에르난데스(Ovidio Hernández), 라파엘 바수르토 라라(Rafael Basurto Lara) 등이 리드 싱어를 이어갔는데 멤버 구성을 비교하면서 듣는 재미도 있다.

호세 펠리치아노 「에센셜 호세 펠리치아노」

비록 멕시칸이 아니라 푸에르토리코인이지만 호세 펠리치아노(José Montserrate Feliciano García)가 부른 라틴 노래들은 정말 탁월하다. 특히 「케 사라(*Que Sera*)」 같은 곡이 그렇다. 그는 시각 장애인이었지만 아홉 살에 기타를 시작해 열여덟 살 때부터 무대에 올랐다. 1965년에 데뷔 앨범을 낸 이후, 무려 마흔다섯 장의 골드와 플래티넘 앨범을 기록했고 그래미상을 두 번 받았다. 노래뿐 아니라 기타 솜씨도 막강하다.

: 유튜브에서 보고 듣기 :

트리오 로스 판초스 「제비」

샘 페킨파(David Samuel Peckinpah) 감독의 영화 〈와일드 번치〉는 내 첫 손가락으로 꼽는 최고의 서부극이다. 영화 속에서 말을 타고 떠나는 총잡이들을 배웅하면서 주민들이 합창으로 「제비」를 불렀다. 트리오 로스 판초스가 부른 버전이 가장 고전적인 해석이다.

차벨라 바르가스(Chavela Vargas, 1919~2012) 「라 요로나(La Llorona)」

'우는 여인'이라는 뜻의 멕시코 민요다. 멕시코의 슬픈 발라드를 '란체라'라고 하는데 바르가스는 '란체라의 여왕'이었다. 그녀는 화가 프리다 칼로와 디에고 리베라의 이야기를 다룬 영화 〈프리다〉에서도 이 노래를 불렀는데, 이미 전성기를 지나버린 그녀의 노래는 너무 처절했다. 역시 좀 더 젊었을 때 부른 버전이 듣기 좋다.

세자리아 에보라 「베사메 무초(Besame mucho)」

멕시코의 여성 작곡가 콘수엘로 벨라스케스(Consuelo Velasquez Torres, 1916~2005)가 만든 명작이다. 누가 어떤 식으로 부르는가에 따라 전혀 다른 곡으로 와닿기도 한다. 카부 베르데 출신의 거장 세자리아 에보라(Cesaria Evora, 1941~2011)가 부른 노래에는 바람 소리가 들리는 듯하다. 만약 클래시컬한 목소리로 듣고 싶다면 역시 플라시도 도밍고를 추천하고 싶다.

말은 음악을 그리워하나니
——————— 예멘 모카 마타리&쇼팽「발라드」

: '발라드계의 5대 천왕'이니 '서울 3대 냉면집'이니 하는 광고 문구를 볼 때마다 마음이 불편하다. 도대체 누가 어떤 근거로 그렇게 정했단 말인가. 상업적인 조작임이 분명한데도 대중은 이런 식의 표현에 쉽게 움직인다.

커피에도 비슷한 게 있다. 이른바 '3대 명품 커피'라고 하면서 하와이안 코나 엑스트라 팬시(Hawaiian Kona Extra Fancy), 자메이카 블루마운틴 넘버 원(Jamaica Blue Mountain No.1), 예멘 모카 마타리(Yemen Mocha Mattari)를 꼽는데 이게 어디서 근거한 건지 아무리 찾아봐도 공식적인 자료가 없다.

내 짐작으로는 아마도 일본에서 만든 말이 아닌가 생각한다. 왜냐하면 커피 산업이 우리보다 발달한 일본 자본은 블루마운틴 넘버 원의 대부분을 일찌감치 선점해놓았으며, 하와이 커피의 절반 이상에 힘을 미치고 있는데다 내전 중인 예멘에서 생두를 가져 나오는 게 가능한 몇 안 되는 국가 중 하나이기 때문이다. 결론적으로 이들 '3대 커피'는 일본에 의해 물동량이 좌우되는 대표적인 커피인 것이다.

물론 이 커피들이 신통찮다는 말은 아니다. 그러나 COE(컵 오브 엑셀런스, Cup Of Excellence)로 대표되는 스페셜티 커피가 매년 생산되는 요즘 상황에서는 정말 억지스러운 이야기다. 더 맛있고, 더 비싼 커피가 수두룩하기 때문이다.

: 예멘 모카의 영광과 몰락

이름만 들어도 근사한 '예멘 모카 마타리'라는 커피 이름에는 생산지와 지역명이 모두 담겨 있다. 예멘의 중앙 산간지대 바니 마타르(Bani Mattar) 지역에서 수확한 커피를 모카 항구에서 수출했다는 이력이 고스란히 나와 있다. 역사적으로 보면 예멘 모카는 커피계에서 가장 오래된 상품이다. 아마도 유럽의 바로크 시대 음악가들이 즐긴 커피가 예멘 모카이지 않았을까 추측해본다.

커피의 원산지 에티오피아에서 시작된 커피는 6세기쯤 홍해를 건너 예멘으로 가면서 비로소 제대로 재배되었다. 예멘의 중부 고원지대는 해발고도 1,300~3,000미터의 산악지대다. 다른 아라비아 지역은 모래 투성이지만, 이 지역은 토양이 비옥하고 인도 몬순의 영향을 받아 강수량도 적당해 일찍부터 농업이 발달했다. 한마디로 커피나무가 뿌리 내리기에 최적의 조건이었던 셈이다. 게다가 예멘은 아라비아반도의 끝자락에 있는데, 홍해와 아덴만을 잇는 곳이어서 지중해와 아프리카뿐만 아니라 아라비아와 인도를 연결하는 지리적으로 아주 중요한 곳이다.

이런 최적의 조건으로 인해 16세기경에 이르면 예멘은 커피의 성지가 된다. 커피가 오스만 튀르크를 넘어 유럽 사회에까지 퍼져나가는 그 모든 출발지가 예멘의 모카 항구였다.

이때부터 시작해서 네덜란드가 예멘에서 자라는 커피나무를 인도네시아 자바에 이식해서 재배하기 전까지 약 200년 동안 '모카'라는 이름은, 곧 커피의 대명사로 사용됐다.

이렇게 화려한 역사를 가진 예멘 커피이지만, 아쉽게도 지금은 옛 모습을 찾을 수 없다. 모두 알다시피 현재 예멘은 세계에서 가장 가난하고 위험한 나라 중 하나가 되었다. 마치 우리나라가 남북으로 나뉜 것처럼 예멘도 제1차 세계대전이 끝나면서 '남예멘'과 '북예멘'으로 나뉜 분단국가가 되었다. 그러던 남북예멘이 1990년에 통일국가를 선포해서 세계를 놀라게 했다. 통일 국가가 된 예멘의 정치적 수도는 북부의 '사나'에 두었고, 경제적 수도는 남부의 '아덴'으로 정했다.

그러나 남과 북이 너무 달랐던 것일까. 통일의 기쁨은 짧았다. 1994년부터 시작된 남북예멘 간의 내전은 형태를 바꾸어가면서 지금까지도 계속되고 있다. 오늘도 외신에는 후티 반군과 교전을 벌인다는 소식과 콜레라가 만연한다는 소식이 올라오고 있다. 거기에 난민 문제까지. 안타깝게도 이것이 커피 왕국 예멘의 현재 모습이다.

이런 복잡한 상황 때문에 화려한 향미를 자랑하던 예멘의 모카커피도 점점 재배량이 줄어들 수밖에 없게 되었다. 그래서 '예멘 모카 마타리'나 '예멘 모카 사나니' 같은 커피를 마시면 생각이 많아진다. 지구상의 유일한 분단국가로 남아 있는 한국 땅에서 예멘 커피를 볶는 로스터가 갖는 당연한 무거움일 것이다.

: 음악으로 들려주는 내밀한 이야기

한 나라의 역사를, 또는 한 사람의 인생을, 그 길고 복잡한 내력을 어떻게 몇 줄의 글로 대신할 수 있을까. 가끔 '말'은 너무나 제한적이라는 생각이 든다. 그렇기에 말이 '음악'처럼 이심전심 전달될 수 있다면 하는 바람은 나만의 생각이 아니다. 원래 '말'은 음악을 그리워했고, '음악'은 말을 가지고 싶어했다. 그래서 오늘 선택한 음악은 프레데리크 쇼팽(Fryderyk Franciszek Chopin, 1810~1849)의 발라드 제1번이다.

'발라드'라는 음악 용어는 우리에게 익숙한 단어다. 현재의 대중가요에서는 템포가 느린 사랑 노래를 발라드라고 표현하고 있지만, 발라드는 원래 문학 용어였다. 중세부터 시작해서 근대의 요한 볼프강 폰 괴테(Johann Wolfgang von Goethe, 1749~1832), 하인리히 하이네(Heinrich Heine, 1797~1856), 빅토르 위고(Victor-Marie Hugo, 1802~1885), 월터 스콧(Walter Scott, 1771~1832) 같은 문인들이 발라드를 많이 썼다. 음악에서도 음유시인이 부른 노래에 발라드라는 말을 붙였다. 19세기가 되면 노랫말이 없는 순수 기악곡에도 발라드라는 단어를 사용하기 시작하는데, 그 대표적인 곡을 쇼팽과 요하네스 브람스(Johannes Brahms, 1833~1897)의 음악에서 찾아볼 수 있다.

쇼팽은 총 네 개의 발라드를 작곡했다. 그런데 이 곡들의 뼈대를 이루는 이야기는 모두 쇼팽의 친구인 아담 미츠키에비치(Adam Bernard Mickiewicz, 1798~1855)의 애국적인 시에서 나왔다.

발라드 1번의 경우에는 「콘라드 월렌로드」라는 시가 바탕이 되었다. 이 시는 에스파냐의 압제에 맞선 무어인의 이야기에 충격받아서 자신의 삶을 변화시킨 어느 폴란드인의 이야기를 담고 있다. 발라드 2번의 시 「윌리스 호수」나 3번 「물의 요정」, 4번 「비드리의 세 형제」 모두가 비슷한 정서의 설화와 역사를 담고 있다. 따라서 고국 폴란드를 등지고 프랑스 파리로 올 수밖에 없었던 젊은 망명객 쇼팽의 심정을 울리기에 충분했다.

쇼팽의 발라드를 이야기할 때면 빼놓을 수 없는 영화가 있다. 쇼팽의 발라드 1번이 클라이맥스를 장식하여 가슴을 먹먹하게 만들었던 영화 〈피아니스트〉다. 클래식에 입문하는 사람에게 권하고 싶은 영화다. 이 영화는 2002년에 로만 폴란스키 감독이 실화를 바탕으로 만들었는데, 시대 배경은 제2차 세계대전이 막 시작되는 1939년의 폴란드 바르샤바다. 유명한 유대계 피아니스트 브와디스와프 슈필만은 라디오 스튜디오에서 쇼팽의 「녹턴」을 연주하고 있었다. 연주를 하는 중에 간간이 들리던 폭격 소리가 점점 가까워지더니 마침내 방송국마저 폭격을 당하고 만다. 슈필만의 쇼팽 연주는 중단되었고 그때부터 '홀로코스트'라는 잔혹한 역사가 시작된다.

쉴 새 없이 몰아닥치는 죽음의 위협에서 간신히 목숨만 건진 슈필만은 폐허가 된 빈 건물에 혼자 숨어 지내게 된다. 허기와 추위, 공포와 외로움 속에서 생을 연명하던 그는 오래된 통조림을 발견하고 그것을 먹으려다가 그만 인기척을 내고 말았다. 그 소리를 듣고 순찰을 하던 독일 장교가 건물 안으로 들어왔다. 한눈에 유대인 도망자임을 눈치챈 독일 장교는 슈필만에게 누구냐고 묻는다. 겁에 질린 그는 머뭇거리다가 간신히 답한다. "저는…… 피아니스트입니……이었습니다."

그 말에 독일 장교는 옆방에 있던 낡은 피아노를 가리키며 연주해보라고 한다. 이 장면에서 느껴지는 긴장감은 숨을 쉬기 힘들 정도다. 절체절명의 순간, 어쩌면 삶의 마지막 연주가 될지도 모르는 그 순간에, 얼어붙은 손을 비비며 슈필만이 연주를 시작한다. 그가 그 순간에 선택한 곡이 바로 쇼팽의 발라드 1번이었다. 난 볼 때마다 이 장면에서 목이 멘다.

쇼팽의 발라드는 「녹턴」이나 「전주곡」 같은 쇼팽의 다른 피아노곡에 비해 규모도 큰 편이고 구조도 드라마틱하다. 그래서 마치 절절한 이야기 한 편을 음악으로 펼쳐놓은 듯하다. 목숨을 담보로 한 연주, 차마 말로는 다 하지 못할 그간의 이야기가 담긴 한 곡이 독일 장교의 가슴을 뚫고 지나갔다. 연주를 들은 장교는 슈필만의 목숨을 살려주었고, 지속해서 옷과 먹을 것을 가져다주기까지 한다. 이후 전쟁 상황이 바뀌어 독일이 퇴각하는 날이 오자, 그는 마지막으로 먹을 것과 자신이 입고 있던 옷까지 슈필만에게 벗어준 채 폴란드 땅을 떠난다.

그 뒤 전쟁이 끝나고 슈필만은 동료들과 만나 다시 연주생활을 시작하게 되지만, 슈필만을 살려준 장교는 연합군에게 붙잡혀 포로가 되고 만다. 이 소식을 전해 들은 슈필만이 그를 찾아 나섰으나 이미 독일 포로들의 생사를 알 수 없게 되어버렸다는 이야기로 영화는 끝을 맺는다.

가끔 막막한 질문을 받는 경우가 있다. '무인도에 가져가고 싶은 한 권의 책'이라든가 '죽기 전에 듣고 싶은 한 곡의 음악' 같은 질문이다. 평소 아내로부터 '결정 장애'라는 소리를 듣고 사는 나에겐 정말 어려운 질문이다. 그래도 생각해보면 죽기 전에 마시고 싶은 커피 한 잔 정도는 있으면 좋겠다. 그때쯤이면 예멘이든 우리나라든 동족이 서로를 미워하고 총을 겨누는 그런 비극이 완전히 사라질까? 그렇게만 된다면, 그날이 온다면 나는 서슴없이 예멘 모카 마타리 한 잔을 선택하겠다.

제1장
꿈꾸다

: 놓칠 수 없는 음반 :

쇼팽 「발라드」 전곡 – 크리스티안 지메르만(Krystian Zimerman, 피아노)

쇼팽이 발라드를 작곡하게 된 동기는 시인 미츠키에비치의 작품 때문이었다. 리투아니아의 설화를 바탕으로 민족정신을 끌어올리는 그의 시에서 쇼팽은 두고 온 조국 폴란드를 생각한 듯하다. 문학 작품을 피아노곡으로 표현하겠다는 것은 정말 대담한 발상이었다. 많은 음반이 있지만 나는 1988년에 녹음한 지메르만의 음반을 최고로 꼽는다.

브람스 「발라드 작품번호 10」 – 에밀 길렐스(Emil Gilels, 피아노)

브람스의 발라드는 네 곡 중에서 첫 곡만 요한 고프트리트 폰 헤르더(Johann Gottfried von Herder)의 스코틀랜드 이야기를 담고 있고, 나머지 세 곡은 특별한 스토리 없이 순수 기악곡으로 발라드라는 용어를 사용했다. 「1번 발라드」를 작곡하던 해 봄에 스승 슈만(Robert Alexander Schumann, 1810~1856)이 라인강에 뛰어들어버렸다. 당시 브람스는 스무 살 청년이었다. 그리고 이 곡은 진한 얘기를 들려주고 싶어하는 발라드 아닌가. 이런 점들을 고려할 때 나는 길렐스의 진한 해석에 가장 공감하게 된다.

 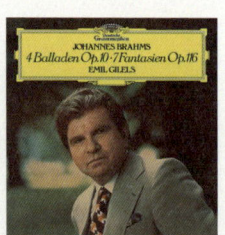

: 유튜브에서 보고 듣기 :

쇼팽 「발라드」 전곡 – 조성진, 피아노

유튜브에 들어가보면 화질은 나쁘지만, 지메르만의 연주 네 곡을 영상으로 볼 수 있다. 그러나 그보다는 조성진이 2015년 쇼팽 콩쿠르 2회전에서 연주한 발라드 영상을 권한다. 참고로 조성진이 직접 이 곡에 대해 해설한 영상도 있다.

브람스 「발라드 1번」 – 아르투로 미켈란젤리(Arturo Benedetti Michelangeli, 피아노)

저화질이지만 미켈란젤리의 영상을 볼 수 있다는 것에 의미를 둔다. 미켈란젤리의 모습은 건반의 수도승을 연상시킨다. 길렐스의 영상도 올라온 게 있지만 이보다 훨씬 상태가 좋지 않다. 그냥 음반으로 듣길 권한다.

리스트 「발라드 2번」 – 발렌티나 리시차(Valentina Lisitsa, 피아노)

프란츠 리스트(Franz Liszt, 1811~1886)가 쇼팽의 발라드에 자극을 받아 작곡했다고 한다. 리스트 특유의 화려하기 그지없는 테크닉을 볼 수 있다. 게다가 리시차는 이런 곡을 너무 쉽게 연주해서 자칫하면 아무나 칠 수 있는 쉬운 곡인 것처럼 보이기까지 한다.

맛과 이야기를 채운 잔
―――――――― 커피잔&그리그 「페르귄트 모음곡」

:   거부하고 싶지만 이제는 정말 일회용 전성시대가 되었다. 종이컵부터 컵라면, 컵밥, 수저, 포크 등 거의 모든 포장 용기가 일회용품으로 넘쳐난다. 바쁜 현대인이 요구하는 간편성과 독립성, 거기에 휴대성까지 합해진 결과물이다. 특히 커피 업계에선 일회용 종이컵 문화가 대세로 자리 잡았다. '별다방'으로 대표되는 프랜차이즈 커피 업체들이 무서운 기세로 성장하면서 종이컵 없는 커피전문점은 상상할 수 없게 되었다. 뒤늦은 감이 있지만 일회용 용기를 규제하는 법안이 생긴다고 하니, 그나마 매장 안에서만이라도 종이컵을 사용하지 않게 되어서 다행이다.

: 커피 향이 사라져버리는 종이컵

나도 테이크아웃의 경우는 어쩔 수 없이 종이컵을 사용하고 있지만, 카페 내에서 사용하는 컵은 무조건 도자기 컵을 고집한다. 그런데 가끔 카페에 앉아서 마시면서도 종이컵에 달라고 요구하는 손님이 있다. 대개는 젊은 손님이다. 가져갈 것이 아니라면 따뜻한 온기가 있는 도자기 컵에 마시라고 권해도 말을 듣지 않는다. 나중에 들은 이야기지만 여러 사람이 사용하는 컵이 싫다는 것이다. 설거지 상태를 믿지 않는 것인지는 몰라도 아마도 종이컵이 더 깨끗하다고 믿는 것 같다. 그런데 과연 종이컵이 더 위생적일까? 일회용품의 쓰레기 문제는 제외하더라도 종이컵은 종이 먼지뿐 아니라 코팅과 접착제 등의 환경호르몬 문제도 끊임없이 제기되고 있는데 말이다.

나는 내 카페에서만큼은 종이컵을 사용하지 않으려 한다. 그러나 차에서 마시고 싶다거나 누군가에게 커피를 사다 주고 싶다는 손님을 위해선 달리 방법이 없다. 배달 다방처럼 보온병에 담아줄 수도 없는 노릇이니 말이다. 그래서 커피 맛을 망치지 않을 만한 조건을 갖춘 종이컵을 찾느라 까다롭게 컵을 골랐다. 천연 크라프트지를 썼는지, 너무 얇아 뜨겁지는 않은지, 특히 종이 냄새를 최소한으로 줄였는지를 비교해보면서 골랐다. 그렇게 고르고 골랐는데도 미세하게 나는 종이 냄새는 어쩔 도리가 없다.

잔을 중요하게 생각하는 가장 큰 이유는 잔과 맛의 관계 때문이다. 커피잔이든 와인 잔이든 맥주잔이든 잔의 형태나 재질에 따라 맛과 향이 크게 차이 난다. 와인 마니아들은 보르도 레드 잔, 부르고뉴 레드 잔, 화이트 와인 잔, 스파클링 와인 잔 등으로 잔을 까다롭게 갖춰 사용하고 있다. 이렇게 하는 이유는 와인 종류에 따른 독특한 향과 맛을 최대한 살리기 위해서다.

커피도 와인과 같이 종류와 특성에 따라 사용하는 잔이 달라야 한다. 내 카페에서는 데미타세 잔, 도피오 잔, 레귤러 잔, 카페라테 잔, 카푸치노 잔, 아메리카노 잔, 그리고 세 종류의 핸드드립 전용 잔을 기본으로 사용한다. 그 외에 허브차, 레몬차, 레모네이드, 아이스커피용 잔 등을 합하면 적어도 10종 이상의 잔을 상시로 사용하고 있다.

왜 그럴까? 테이크아웃 잔으로 통일하면 간단할 텐데 굳이 값도 비싸고 설거지하기도 귀찮고 깨질 위험도 많은 잔을 종류별로 사용하는 걸까? 그건 모두 용도가 다르고 잔에 따라서 음료의 맛도 달라지기 때문이다.

: 한 잔의 커피를 위한 고민의 결과물

카페에서 사용하는 가장 작은 잔은 에스프레소용 잔이다. 전문용어로 '데미타세(Demitasse)' 잔이라 부른다. 스탠더드 잔의 절반이라는 의미로 약 2.5온스(75밀리미터) 내외의 용량이다. 빨리 식는 것을 방지하기 위해 도자기 재질로 약간 두껍게 제작되며, 잔의 안쪽은 에스프레소의 농도와 크레마의 상태를 유지하기 위해서 U자형으로 부드럽게 곡선처리가 되어 있다. 도피오(Dopio) 잔은 그 두 배 분량의 잔이고, 카푸치노 잔, 카페라테 잔은 그보다 조금씩 더 커진다. 혹시나 우유 냄새가 남아 있을 수도 있어서 아메리카노 잔은 다른 것을 사용한다.

아메리카노를 담는 머그잔을 고를 때도 신중해야 한다. 너무 두꺼운 머그잔은 입에 닿는 불편한 두께감으로 인해 커피 맛을 제대로 느낄 수 없게 된다.

그리고 핸드드립용 잔은 원두에 따라 달라진다. 향이 좋고 맛이 밝은

나의 마음을 알아줄 하나의 잔을 골라
거기에 정성 들여 내린 커피를 따르고 두 손으로 잡으면,
내 마음속에서 옛이야기들이 꿈틀거린다.

에티오피아 계열 원두는 입구가 조금 넓은 잔을 사용하고, 콜롬비아나 인도네시아 원두처럼 묵직한 질감을 가진 원두는 입구가 조금 좁은 잔을 사용한다. 두 종류 모두 잔의 입술이 얇은 본차이나를 사용하고 있으며 커피를 담기 전에는 반드시 잔을 따뜻하게 데워놓는다.

간단하게 설명해서 이 정도이지 실제 카페생활로 들어가면 훨씬 복잡해진다. 물 온도 문제, 잔에 따른 스푼의 문제, 여러 메뉴의 서빙 순서와 시간, 설거지 문제를 모두 고려해야 하기 때문이다. 좋은 카페라는 것은 잔 하나에도 이렇게 많은 신경을 써야 한다. "까짓것, 종이컵으로 통일해버리면 간단할 텐데"라는 말은 카페 주인들의 심정과 노력을 몰라서 하는 소리다. "카페나 차릴까?" 하는 말을 쉽게 하는 분들이 있는데, 카페를 경영한다는 것은 밖에서 보는 여유 있는 풍경과는 아주 다르다는 걸 잊지 마시라!

: 주인을 닮은 잔이란?

도쿄에 갈 때면 꼭 들르는 커피숍이 있다. 이케부쿠로 뒷골목에 있는 작은 커피숍인데, 그곳의 주인 영감님이 재미있어서 잊지 않고 들르게 된다. 그 커피숍의 특징은 커피잔에 있다. 손님이 오면 그는 벽장 가득한 커피잔을 가리키며 어떤 잔에 마시고 싶으냐고 묻는다. 거기서부터 주인장은 손님과의 대화를 편안히 유도한다. 왜 이 잔을 골랐는가, 왜 이 색깔과 이 모양이 마음에 드는가 하는 질문으로 손님과의 벽을 트는데 이 방식은 아주 좋은 대화법인 것 같다. 정치, 종교, 축구, 군대 이야기, 심지어 군대에서 축구 시합을 한 이야기 보다는 천만 배 나은 방법일 것이다.

가끔은 영감님이 손님에게 어울리는 잔을 골라주기도 한다. 손님의 음색이 허스키해서, 눈썹이 짙어서, 또는 입고 온 옷 색깔과 어울린다는 이유로 잔을 선택해주었다. 그렇게 선택된 잔에 조금 진한 핸드드립 커피가 담겼고, 손님들은 그 커피를 홀짝거리며 영감님과의 이야기 속에 빠져들었다. 그는 대화의 마술사였고, 잔은 마술사가 선택한 비법이었다. 나 역시 그 마술에 홀려 내 직업부터 가족사와 연애 이야기에 이르기까지 속내를 풀어놓고 말았다.

:「페르귄트 모음곡」, 파란만장한 인생의 이야기

그 커피숍에는 쿼드 앰프와 로저스 스피커, 린 턴테이블로 매칭된 고전적 오디오 세트가 있었다. 내 직업이 음악평론가라는 것을 말하는 순간부터 우리 이야기는 음악으로 자연스럽게 꼬리를 물고 흘러갔다. 그때 영감님이 턴테이블에 올린 음악은 베를린 필이 연주한 에드바르 그리그(Edvard Hagerup Grieg, 1843~1907)의 「페르귄트 모음곡」이었는데, 그때 그 타이밍에 너무나 잘 어울린다는 생각을 했다. 「페르귄트 모음곡」은 이야기를 위한 음악이기 때문이다.

『페르귄트』는 원래 노르웨이의 극작가 헨리크 입센(Henrik Ibsen, 1828~1906)이 쓴 방대한 이야기다. 몰락한 지주의 아들인 '페르'가 애인 '솔베이지'를 버리고 길을 떠나서 전 세계를 떠돌며 갖은 일을 겪게 되는 이야기다. 여행 중에 페르는 산에 사는 마왕의 딸과 놀기도 하고, 노예무역으로 큰돈을 만지기도 하며 추장의 딸 '아니트라'를 농락하기도 한다. 이 와중에 요정, 사기꾼, 베두인족 등 세상의 별별 유형의 존재가 등장한다. 나중에 집이 그리워져서 귀국길에 오르지만, 풍랑을 만나서 무일푼 거지꼴로 고향에 돌아간다. 결국 백발이 되도록 페르를 기다리고 있었던 솔베이지의 품에 안겨서 파란만장한 삶을 마무리한다.

입센은 이 방대한 원작을 간추려서 5막 38장의 희곡으로 만들었고, 이 연극의 배경음악을 그리그에게 의뢰하여 1876년 크리스티아니아(현재의 오슬로)에서 초연하게 되었다. 초연할 당시, 그리그는 이 곡을 특별하게 생각하지 않았다고 한다. 그러나 생각보다 반응이 괜찮아서 후에 피아노듀오곡으로도 만들었고, 그중에 하이라이트를 뽑아서 오케스트라 모음곡으로도 만들었다. 원래는 다섯 곡의 전주곡을 비롯해 행진곡, 춤곡, 독창곡, 합창곡 등 모두 스물세 곡으로 구성된 것인데, 그중 네 곡을 추려 「제1모음곡」으로 만들었고 다시 네 곡을 추려 「제2모음곡」으로 구성했다.

「제1모음곡 작품번호 46」은 ⑴아침 기분, ⑵오제의 죽음, ⑶아니트라의 춤, ⑷마왕의 전당에서로 엮었고, 「제2모음곡 작품번호 55」는 ⑴신부의 약탈과 잉그리드의 탄식, ⑵아라비아의 춤, ⑶페르귄트의 귀향, ⑷솔베이지의 노래로 엮었다. 이케부쿠로의 영감님은 그중에서도 특히 「아침 기분」을 좋아해서 가게를 열 때 항상 이 음악을 듣는다고 했다.

인간을 정의하는 여러 가지 말이 있는데, 그 가운데 '호모 나란스(Homo Narrans)'가 있다. '이야기하는 인간'이라는 뜻이다. 인간은 이야기를 먹고 산다. 더 이상 이야기를 듣기도 싫고 이야기를 하기도 싫어지는 상태가 된다면, 그것은 바로 '절대 고독'일 것이다. 그래서 나는 이야깃거리가 많은 사물과 다채로운 이야기를 제공하는 작품을 좋아한다.

인간이 고안한 여러 가지 잔은 그 재질이나 모양새만으로도 꽤 많은 이야기를 담고 있다. 그중에 나의 마음을 알아줄 하나의 잔을 골라 거기에 정성 들여 내린 커피를 따르고 두 손으로 잡으면, 내 마음속에서 옛이야기들이 꿈틀거린다.

오늘의 커피에 그리그가 만든 「솔베이지의 노래」를 더해본다. "그 겨울이 지나 또 봄은 가고, 또 봄은 가고……." 창밖을 보니 봄이 찬란한 초록색 향연을 시작했다. '카르페 디엠(Carpe Diem)', 선물 같은 이 시간을 충분히 즐길지어다.

: 놓칠 수 없는 음반 :

그리그 「페르귄트 모음곡」 「피아노 협주곡」 – 고텐부르크 심포니 / 네메 예르비

그리그를 포함한 북구 레퍼토리의 음반을 이야기할 때면, 항상 빠지지 않는 권위자가 에스토니아 출신의 지휘자 네메 예르비(Neeme Järvi)이다. 「모음곡 1, 2번」에다 릴리야 질베르스타인(Lilya Zilberstein)이 연주한 「그리그 피아노 협주곡」까지 커플링되어 있으니 사지 않을 도리가 없는 음반이다.

그리그 「페르귄트」 전곡 – 에스토니아 국립 오케스트라 / 파보 예르비

파보 예르비(Paavo Järvi)는 네메 예르비의 아들이다. 아버지가 이 곡을 워낙 많이 연주한 걸 보아서 그랬는지 모음곡 형태가 아니라 연극에 쓰인 전체 곡을 녹음했다. 연주도, 음질도 좋지만 생각보다 모음곡에서 빠진 부분이 많다는 걸 알게 해주는 음반이다.

: 유튜브에서 보고 듣기 :

그리그 「페르귄트 모음곡 1, 2번」 – 림부르크 심포니 오토 타우스크(Otto Tausk)

이 영상은 화질, 음질 등을 고려했을 때 가장 무난한 선택이라 할 수 있다. 이 오케스트라 버전 연주를 들은 후, 피아노 편곡 연주를 비교해서 들어보면 좋다. 피아노 솔로로 연주한 「아니트라의 춤」, 듀오로 연주한 「아침 기분」을 들어보는 것도 큰 기쁨이다.

그리그-페르귄트

그리그 「서정 모음곡」 – 스비아토슬라프 리흐테르(Sviatoslav Richter, 피아노)

그리그는 젊은 시절부터 생의 마지막 시기에 이르기까지 꾸준하게 작곡을 했다. 이 모음곡에 실린 곡들은 20대 초반인 1867년에 1권 「작품번호 12」로 시작하여 죽기 6년 전인 1901년에 마지막 10권 「작품번호 71」로 마감했다. 그리그 피아노 음악의 보물창고라 할 수 있다.

그리그-서정모음곡

그리그 「첼로 소나타 작품번호 36 2악장」 – 인발 세게프(Inbal Segev, 첼로)

그리그의 바이올린 소나타는 많이들 듣는 편인 데 비해 첼로 소나타는 생각보다 알려지지 않은 것 같아서 소개한다. 이 곡의 「2악장 안단테」는 정말 멋지다.

그리그-첼로소나타

오페라 같은 커피의 그리움
──────────── 커피의 진가 & 베르디 「리골레토 4중창」

: "캐러멜 마키아토 있나요?" "없습니다."
"모카 프라푸치노는요?" "그것도 없습니다."
"그럼 비엔나커피 주세요." "미안한데, 그것도 없습니다."
그렇게 대답하고 나서 나는 한 블록 건너편에 있는 프랜차이즈 커피점에 가보시라고 친절하게 가르쳐준다. 고개를 갸우뚱하며 나가는 젊은 친구의 뒷모습으로 "장사를 하겠다는 거야, 말겠다는 거야?"라는 말풍선이 보이는 것 같다.
〈베토벤의커피〉 메뉴판은 아주 단출하다. 커피와 커피 아닌 것으로 나뉘어 있고, 커피는 딱 여덟 종 적혀 있다. 핸드드립, 에스프레소, 레귤러 커피, 아메리카노, 베토벤의커피, 카페라테, 카푸치노, 아포가토. 물론 여기서 뜨거운 것과 차가운 것으로 나누고 핸드드립을 원두별로 나누면 더 많아지지만, 그래봤자 별다방, 콩다방의 어마어마한 메뉴와는 비교가 안 된다.

올해로 10년째 세종문화회관 예술아카데미에서 클래식 강의를 하고 있는데 광화문에 나가면 일부러 근처 별다방을 한번씩 가본다. 갈 때마다 많은 메뉴에 감탄한다. 얼마 전엔 대학생들이 좋아한다는 '고디바 프라푸치노'라는 것이 궁금해서 시켜보았다. 레시피를 보니 도무지 이해할 수 없는 단어가 즐비했다. '자바칩 프라푸치노(벤티 사이즈)+모카 시럽 다섯 번+헤이즐넛 시럽 세 번+프라푸치노 로스트 네 번+자바칩(반은 갈고 반은 토핑)'. 이건 18년 차 커피로스터의 귀에도 외계어 같았다.

음, 그렇다면 맛은 어떨까? 나로서는 역시 적응하기 어려운 맛이다. 두 모금 마시고 버렸다.

: 기분 좋은 신맛과 기분 나쁜 신맛의 차이

나이가 들수록 밖에서 음식 사 먹는 게 점점 힘들어진다. 내 기준으로는 너무 달거나 짜거나, 매운 것 천지다. 음식의 맛이 너무 극단적이다. 설탕 범벅인 빵, 인공감미료를 잔뜩 넣은 막걸리에다 청양고추도 아닌 캡사이신 분말을 뿌려 버무린 낙지와 닭갈비가 지뢰밭처럼 깔려 있다.

커피 문화도 마찬가지다. 태우다시피 새카맣게 볶은 원두의 쓴맛을 가리기 위해 각종 시럽과 크림으로 도배한 것을 무슨 대단한 메뉴인 양 광고한다. 좋은 생두가 주는 신선한 커피 본연의 맛은 온데간데없고 단맛과 인공 향이 그 자리를 점령해 진짜 맛과 가짜 맛의 기준이 점점 허물어져가고 있다. 이런 식으로 말하면 영락없이 '노땅'이나 '꼰대' 소리를 듣겠지만, 뭐, 꼰대여도 할 수 없다. 이건 '팩트'니까.

내친김에 '설명충'이라는 비난을 감수하고라도 맛에 대해 좀 더 지

적하고 싶은 게 있다. 맛이란 사전적으로는 어떤 물질을 입에 넣었을 때 느끼는 감각의 통칭이다. 서양에선 아리스토텔레스가 『영혼론』에서 제시한 단맛과 신맛, 짠맛과 쓴맛의 네 가지 맛이 기본이었다. 그런데 20세기 초에 일본에서 '우마미(うま味, Savory taste)'라는 맛, 우리말로 하자면 '감칠맛'을 추가했다. 최근에는 미각 세포 본연의 작용이 아니라고 제외해온 떫은맛과 매운맛을 포함했고, 거기에 물맛, 지방맛, 금속맛을 추가하여 열 개의 맛으로 규정하는 학자도 있다.

커피는 오묘하게도 신맛과 쓴맛, 단맛과 짠맛, 떫은맛이 모두 들어 있는 음료다. 특히 신맛과 쓴맛이 지배적이다. 음양오행적으로 말하자면 이것은 상생하는 맛이다. 쓴맛은 커피에 함유된 카페인, 칼슘, 마그네슘 등의 성분이 만들어내는 맛이다. 물론 생두를 많이 볶을수록 쓴맛은 증가한다. 그런데 저렴한 생두를 바싹 볶으면 '나쁜 쓴맛'이 난다. 이런 커피는 불쾌한 뒷맛을 남겨 갈증을 불러일으키고, 당도 높은 디저트 욕구도 불러일으킨다. 당연히 몸에 좋을 리 없다. 이에 비해 '좋은 쓴맛'은 다른 맛과 어우러져서 맛의 깊이를 더해주고 경쾌한 뒷맛을 남긴다.

가끔 맛있는 커피와 맛없는 커피 맛을 잘 구분하지 못하겠다고 하는 손님이 있으면, 커피가 식었을 때 마셔보라고 귀띔해준다. 좋은 커피는 식었을 때도 향기가 남아 있고 뒷맛도 깨끗하다. '어제 만든 카레'가 정말 맛있듯 가끔 차 안에 남겨진 어제의 커피 맛에 놀랄 때가 있다.

커피의 신맛도 나쁜 쓴맛과 마찬가지다. 나쁜 신맛은 혀를 찌르는 시큼한 맛이 난다. 주로 상한 음식을 먹었을 때 이런 맛을 경험하게 된다. 반면 좋은 신맛은 열대 과일을 베어 문 듯한 청량감이 입안에 남는다. 서양과 달리 우리나라 사람들은 신맛과 별로 친하지 않은 것 같은데,

적절한 신맛이 주는 균형이야말로 '스페셜티 커피'의 조건 중 하나라고 생각한다. 그러나 불행히도 시럽과 인공 향, 크림으로 뒤덮인 커피전문점의 메뉴를 보면 건강하고 신선한 맛을 운운하는 것이 모두 부질없는 짓이라는 생각이 들기도 한다.

: 목소리가 사람을 만든다

성악가의 목소리 세계도 맛의 세계만큼이나 다양하고 세밀하다. TV가 없던 시절 서양에서는 오페라가 최고의 엔터테인먼트였다. 오페라를 가지고 요즘 식으로 말하는 인기 드라마를 만들어내야 했다. 그래서 목소리의 음역과 소리 성질에 따라 배역을 구분해놓았다. 음역으로 보면 여성의 소리는 소프라노-메조소프라노-알토로, 남성은 테너-바리톤-베이스로 나뉜다. 소리의 성질에 따라서는 콜로라투라(기교적인 목소리), 리리코(서정적인 목소리), 드라마티코(웅장한 목소리) 등으로 구분한다. 이해하기 쉽게 설명하면 한국의 조수미 씨는 전형적인 콜로라투라 소프라노에 해당한다. 플라시도 도밍고 같은 가수는 음역에서 테너와 바리톤을 다 소화할 수 있는 가수이고, 소리 성질도 리리코와 드라마티코를 넘나들며 활동했다.

오페라에서 목소리는 그 자체로 등장인물의 캐릭터와 겹쳐진다. 이를테면 드라마틱(테너)인 왕자가 콜로라투라(소프라노)인 공주에게 반해서 담장을 넘어 들어가 사랑을 나누다가 그 나라 장군(바리톤)과 연적 관계가 되어 싸우게 되는데, 이때 여신(알토)이 지혜를 빌려주어 마침내 공주의 아버지(베이스)를 설득시키고 결혼하게 된다는 식의 구성이다. 이 와중에 테너와 소프라노는 멋진 아리아를 부르고 둘이서 2중창을 부르기도 한다. 그리고 중간에 4중창으로 화음을 맞췄다가 6중창과 합창까지 곁들여 드라마를 완성한다. 극작가 조지 버나드 쇼(George Bernard Shaws, 1856~1950)의 표현을 빌리자면 "오페라는 단적으로 말해서 소프라노와 테너가 사랑하는데 바리톤이 방해해서 침대에 들어갈 수 없게 되는 이야기"다.

그런데 대부분의 오페라 여주인공이 소프라노다. 하지만 가끔은 메조소프라노나 알토가 주역을 맡는 경우도 있다. 조르주 비제(Georges Bizet, 1838~1875)의 「카르멘」이나 생상스(Charles Camille Saint-Saëns, 1835~1921)의 「삼손과 델릴라」 같은 작품인데, 소프라노의 쨍쨍거리는 고음이 아니라 진하고 설득력 있는 소리가 필요한 캐릭터가 주인공이어야 할 경우다. 그래서 삼손(Samson)에게 바치는 델릴라(Delilah)의 노래 「그대 음성에 내 마음 열리고」를 들으면 '오냐, 내 머리카락도 다 잘라가라'는 마음이 들 정도로 절절하게 들린다.

집에서도 리리코 소프라노 목소리를 가진 아내가 갑자기 드라마티코 알토가 되어 낮은 목소리로 접근할 때가 있다. "할 얘기가 있어요. 차 한잔하죠." 그러면 나는 직감적으로 느낀다. "음……. 내가 뭔가 단단히 잘못했나보군!" 확실히 저음은 반항할 수 없는 힘이 있다.

: 음악의 귀는 비교하면서 열린다

주세페 베르디(Giuseppe Fortunino Francesco Verdi, 1813~1901)의 오페라 중에서 「리골레토」는 「일 트로바토레」 「라 트라비아타」와 함께 가장 인기 있는 작품으로 꼽힌다. 이 오페라는 강렬한 리듬감으로 무장한 비극이다. 특히 극 중에 나오는 만토바 공작의 아리아 「여자의 마음」은 각종

CF에 자주 등장할 정도로 귀에 익숙하고 유명하다. 이 밖에도 1막에서 질다의 아리아 「그리운 그 이름」, 2막에서 리골레토의 아리아 「랄랄라, 대신이여」 등 명곡이 줄을 이어 펼쳐진다. 이 오페라에서 내가 가장 좋아하는 장면은 3막에 나오는 4중창 「아름다운 아가씨여」 부분이다. 바람둥이 만토바 공작이 마달레나에게 수작을 걸고 있을 때, 구석에서는 아버지 리골레토가 딸 질다에게 그 현장을 목격시키며 공작의 실체를 보여준다. 딸은 절망하고 아버지는 딸을 위로하려드는데, 만토바 공작과 마달레나는 여전히 연애 작업을 이어간다. 이때 네 명이 서로 다른 목소리로 부르는 노래가 어우러지는 장면은 그야말로 숨이 멎을 만큼 화려하다.

로스터적인 발상으로 주인공을 커피 맛에 비유하자면 테너이자 바람둥이인 만토바 공작은 신맛에 가깝고, 비운의 순정파 소프라노인 질다는 쓴맛, 마달레나는 단맛, 리골레토는 짠맛의 캐릭터라고 할 수 있겠다. 그러나 나는 아직 「리골레토 4중창」처럼 맛있는 커피를 만들어보지 못한 것 같다. 그것은 내 영원한 숙제일 것이다.

사람들에게 꼭 들어보라고 권하고 싶은 이 곡 「리골레토 4중창」은 수많은 성악가가 다양한 하모니로 불렀다. 「주세페 디 스테파노(Giuseppe di Stefano)-마리아 칼라스(Maria Callas)」 「루치아노 파바로티(Luciano Pavarotti)-조앤 서덜랜드(Joan Sutherland)」 「플라시도 도밍고(Placido Domingo)-일레아나 코트루바스(Ileana Cotrubas)」를 비교해서 들어보면 좋겠다. 강의할 때 이런 말을 자주 한다. "자식과 남편은 다른 집과 비교하면 다툼이 생기지만, 음악은 비교해서 들어봐야 귀가 뜨인다."

: 놓칠 수 없는 음반 :

베르디 「리골레토」 – 마리아 칼라스, 주세페 디 스테파노, 티토 곱비 등, 라 스칼라 오케스트라 / 툴리오 세라핀(Tullio Serafin)

역사상 최고의 리골레토로 꼽히는 이탈리아 성악가 티토 곱비, 그리고 전성기의 디 스테파노와 설명이 필요 없는 디바 마리아 칼라스(Maria Callas)가 툴리오 세라핀(Tullio Serafin, 1878~1968)의 지휘봉 아래 모인 녹음이다. 1955년에 발매된 모노 녹음반이지만 들을 때마다 감탄한다.

베르디 「리골레토」 – 조앤 서덜랜드, 루치아노 파바로티, 셰릴 밀른스 등, 런던 심포니 / 리처드 보닝(Richard Bonynge)

칼라스-스테파노 음반을 잇는 리골레토의 명반이다. DVD 영상물로도 나와 있다. 파바로티가 만토바 공작 역을 맡은 앨범은 종류가 많지만 나는 역시 이 음반이 최고라 생각한다. 플라시도 도밍고가 피에로 카푸칠리(Piero Cappuccilli), 엘레나 오브라초바(Elena Obraztsova)와 함께 열연한 음반과 비교해보면 더욱 재밌어진다.

: 유튜브에서 보고 듣기 :

리스트 「리골레토 패러프레이즈」 – 윤디리(Yundi Li, 피아노)

리스트, 탈베르크(Thalberg) 같은 피아노의 명인들은 유명한 오페라 명곡을 자신만의 방식으로 편곡해서 인기를 끌었다. 이런 편곡을 '패러프레이즈(Paraphrase)'라고 하는데 일반적인 편곡과 다른 점은 원곡보다 편곡자의 주관과 창의성이 더욱 돋보인다는 점이다. 리골레토 4중창의 맛을 색다르게 즐길 수 있다.

도플러 「리골레토 환상곡」 – 제임스 골웨이(James Galway, 플루트), 지니 골웨이(Jeanne Galway, 플루트)

프란츠 도플러(Albert Franz Doppler)와 카를 도플러(Carl Doppler) 형제가 작곡한 「리골레토 환상곡 작품번호 38」은 오페라 「리골레토」 속에 나오는 유명 아리아를 모아서 플루트라는 악기로 멋지게 엮어놓은 인기 작품이다. 플루트의 달인인 골웨이 부부의 어울림이 멋지다.

브람스 「6개의 4중창 작품번호 112」 중 「그리움(Sehnsucht)」 – 양지영, 김정미, 박태윤, 성승욱

젊은 시절에 합창 지휘자로 오래 활동한 바 있는 브람스는 합창곡과 중창곡에 애착을 가졌다. 특히 「4개의 4중창 작품번호 92」 「6개의 4중창 작품번호 112」는 목소리로 듣는 4성부의 아름다움을 진하게 보여준다. 「그리움」은 그중에서 가장 잘 알려진 작품이다.

그 사람만의 그 목소리
— 향 커피 & 푸치니 「아무도 잠들지 못하리」

: 그렇게나 덥더니만, 바람결이 달라졌다. 바람이 불기 시작하면 홀연히 어디론가 떠나고 싶어진다. 가을바람 한 점이 마음에 들어왔을 뿐인데, 묻어두었던 방랑 욕구가 스멀스멀 꿈틀댄다. 그래서 여행 생각을 잠재우기 위해 창가에 앉아 밀라노 '라 스칼라' 근처의 카페에 왔거니 생각하고 오페라 아리아를 틀었다.

눈을 지그시 감고 흥얼거리고 있는데 처음 보는 할머니 한 분이 쭈뼛쭈뼛 들어와서는 커피 원두를 갈아줄 수 있겠느냐고 물었다. 미국에 사는 아들이 보내준 비싸고 귀한 커피라 했다. "그럼요!" 하며 흔쾌히 원두 봉지를 받아 들었는데, 아뿔싸! 그건 싸구려 헤이즐넛 향 커피였다. 게다가 생산된 지 1년이 다 된 것이었다. 친구였다면 당장에 버리라고 했을 텐데 할머니에게는 그렇게까지 말할 수가 없었다. 아들이 보내준 비싸고 귀한 커피라 말하지 않았던가. "아드님이 보내준 걸 너무 아끼고 계셨나봐요. 오래되었으니 웬만하면 드시지 마세요"라고 했지만, 할머니는 커피를 들고 행복한 표정으로 돌아갔다. 아마 절대로 버리지 않을 것 같다.

그런데 곤란한 문제가 생겼다. 할머니가 돌아가고 나서 그라인더에서 향 커피 냄새가 계속 나는 것이다. 다른 원두를 넣어 분쇄했는데도 향이 빠지지 않았다. 귀찮았지만 결국 그라인더를 분해해서 날을 빼내고 씻었다. 할머니 덕분에 미뤄둔 그라인더 청소를 시원하게 했다.

: 향 커피의 과욕

물건을 파는 사람은 한 가지에 만족하지 않고 이것저것 변형해보려는 욕심이 있다. 커피도 예외는 아니다. 커피에 무언가 다른 향을 넣어서 색다른 기분이 들게 한 것이 향 커피(Flavored Coffee)다. 옛날부터 사람들은 자신이 좋아하는 향신료나 몸에 좋다는 것들을 커피에 섞어 먹는 것을 즐겼다. 주로 계피, 카르다몸 같은 향신료와 민트, 라벤더 같은 허브 종류를 커피에 넣어서 먹었다. 그러나 그건 지역적인 풍습이었지 대규모로 생산되는 제품으로 만들지는 않았다. 지금의 향 커피는 식품용 인공 향이 다양해진 1970년대 이후부터 생겨난 것이다. 헤이즐넛 향, 아이리시 향, 바닐라 향이 대표적이긴 하지만 이 밖에도 100여 종이 넘는 향 커피가 있다. 한때는 원두커피의 대명사처럼 헤이즐넛 커피가 유행하던 때도 있었다.

나는 인공 향 커피가 불필요하다고 생각한다. 신선한 원두로 내린 커피 향은 그 무엇으로도 대신할 수 없을 만큼 강렬하기 때문이다. 게다가 우리나라에 퍼져 있는 향 커피의 대부분은 저렴한 원두에 인공 향으로 범벅된 커피다. 아, 물론 예외는 항상 있는 법이라서 직접 천연 재료를 섞어 만드는 사람도 있고, 하와이의 '아일랜드 빈티지 커피'같이 꽤 괜찮은 향 커피도 수입된다. 그렇지만 이런 향 커피는 극소수에 불과하다.

  나는 기본적으로 커피에 이것저것 섞는 걸 싫어한다. 내가 인정하는 커피의 친구는 설탕, 우유, 초콜릿, 위스키 정도다. 요즘 젊은이들의 취향도 모르는 고지식한 꼰대 커피쟁이라 해도 어쩔 수 없다. 아직도 잘 팔리고 있는 인공 향 커피를 보면 '짝퉁'이 판치는 시대를 보는 것 같아 우울함에 사로잡힌다.

: 그 노래에 잠들지 못하리

한바탕 그라인더 청소를 마치고는 낮에 듣던 음반을 다시 틀었다. 오늘은 9월 6일, 위대한 테너 루치아노 파바로티(Luciano Pavarotti, 1935~2007)가 세상을 떠난 지 11년째 되는 날이다. 더 이상 그의 공연을 볼 수 없다는 게 새삼 슬프다. 매년 5월 1일이면 비지스(Bee Gees)의 「First of May」를 듣듯이, 9월 초가 되면 파바로티의 음성을 다시 듣게 된다. 지금 글을 쓰면서 듣고 있는 노래는 빈센초 벨리니(Vincenzo Bellini, 1801~1835)의 가곡 「방황하는 은빛 달」이다.

"방황하는 은빛 달이여, 이 시냇물과 꽃들에게 말해주세요. 말해 줘요. 사랑의 말을. 당신만이 나를 알고 있어요. 내 불타는 갈구를. 그만을, 그이만을 사랑해요. 헤아려보세요, 이 떨림과 이 한숨을……."

그가 떠나고 나서야 비로소 알게 되었다.
아, 이제 우리는 파바로티가 없는 하늘 아래 살아야 하는구나.
이젠 그가 부르는 노래를 들을 수 없구나…….

나는 파바로티의 음성으로 이 곡을 처음 들었다. 이후로 주세페 디 스테파노(Giuseppe di Stefano), 호세 카레라스(Jose Carreras), 체칠리아 바르톨리(Cecilia Bartoli), 루스 앤 스웬슨(Ruth Ann Swenson) 등 다른 가수 버전으로도 들었다. 가장 멋진 음성은 역시 소프라노 레나타 테발디(Renata Tebaldi, 1922~2004)의 목소리라고 생각한다. 최근에 들은 소프라노 에바 메이(Eva Mei)의 목소리도 좋았다. 이들에 비해 파바로티의 목소리는 너무 까랑까랑하고 직선적이어서 이 노래의 정서와는 잘 맞지 않는다고 생각한다. 그런데 사람의 기억이란 참 이상도 하지. 생각이나 평가와는 다르게 첫 경험의 추억이란 게 있어서 이 노래에 파바로티 목소리가 빠지면 왠지 섭섭해진다.

전설적인 테너 파바로티는 1935년에 이탈리아 모데나에서 빵집 아들로 태어났다. 젊은 시절에는 축구 선수로도 활동하고 보험외판원도 하면서 틈틈이 성악 연습을 하다가, 1961년 라보엠의 로돌포로 오페라 무대에 데뷔했다.

파바로티가 국제 무대에 진출한 데는 그의 큰 몸집이 한몫했다. 당시에 소프라노 조앤 서덜랜드(Joan Sutherland, 1926~2010)가 자신의 큰 키와 어울리는 상대역을 찾고 있었는데, 거기에 파바로티가 목소리로나 덩치로나 잘 맞았기 때문이다. 1968년에 메트로폴리탄 무대에 데뷔한 후, 파바로티는 무서운 기세로 전 세계 무대를 장악해나갔다. 1977년엔 「타임지」의 커버를 장식했고, 1988년엔 독일에서 한 시간 17분에 이르는 커튼콜로 기네스북에 오를 정도가 되었다. 파바로티의 음반 역시 전 세계적으로 팔려나갔다.

: 루치아노 파바로티

사실 나는 파바로티의 생애 후반부 활동은 별로 마음에 들지 않았다. 더 정확히 말하자면 너무나 사랑했던 가수가 상업적인 대형 공연만 하고 돌아다니는 것에 화가 났다. 그 대형 공연의 처음은 1990년 로마 카라칼라 대욕장 가설무대에서 벌어진 〈스리테너〉란 이름의 공연이었는데, 여기까지는 멋지고 좋았다. 당대 최고의 테너 세 명이 모인 자리는 그야말로 목소리의 축제였다. 뮤지컬 명곡은 물론이고 나폴리 민요에서부터 오페라 아리아까지 스리테너는 청중을 흥분시켰다. 도밍고와 카레라스가 「오 솔레 미오」 뒷부분을 부를 때 파바로티의 흉내를 내면서 청중을 웃게 만드는 장면은 몇 번을 봐도 친근하고 생생하다. 그리고 오페라 〈투란도트〉에 나오는 아리아 「아무도 잠들지 못하리」에서 "빈체로!"의 고음은 파바로티만의 전매특허처럼 여겨졌다.

물론 파바로티 이전에도 청중을 흥분시키고 좌석을 매진시키는 사례는 많았다. 메트로폴리탄에서 백지수표를 건네받은 엔리코 카루소(Enrico Caruso, 1873~1921)를 비롯하여 영원한 디바 마리아 칼라스, '미세스 솔드 아웃'으로 불리던 레나타 테발디, 야샤 하이페츠(Jascha Heifetz, 1901~1987)의 바이올린, 아르투르 루빈슈타인(Artur Rubinstein, 1887~1982)의 피아노, 블라디미르 호로비츠(Vladimir Horowitz, 1903~1989)의 '역사적 귀환', 황제 헤르베르트 폰 카라얀(Herbert von KaraJa, 1908~1989)과 베를린 필의 연주는 전부 매진의 광풍을 몰고 왔다. 그러나 딱 한 번의 공연으로 그토록 대규모의 청중에게 영향을 미치고 그만큼의 수익을 올린 클래식 공연은 스리테너가 유일했다.

이 실황 음반은 기네스북에 가장 많이 팔린 단일 클래식 음반으로 기록되었는데, 지금까지 약 1,500만 장 이상 팔렸다고 한다.

그런데 이 역사적인 공연은 이후에 지나치게 상업적으로 흘렀다. 당시 이 현상을 지켜보던 「BBC 뮤직매거진」의 필자 이안 레이스는 클래식 음악이 1년에 몇백 장만 팔려도 되던 시대는 지나갔으며, 이제 클래식 음악도 팝 음악 분야처럼 움직일 것이라고 예견했다. 실제 그의 말처럼 대형 공연기획자들이 벌 떼처럼 달려들었다. 그 후로 스리테너 콘서트는 1994년과 1998년에 이어 2002년 월드컵 무대에 이르기까지 무려 20회가 넘게 이어졌다. 당연히 스리테너의 몸값도 천정부지로 치솟았고 로마 월드컵 때와는 비교할 수 없는 각종 마케팅이 따라붙었다.

그런데 그 후에도 파바로티는 대형 행사에만 집중했다. 〈파바로티와 친구들〉 시리즈, 하이드파크 콘서트, 센트럴파크 콘서트 등에 청중이 수십만 명까지 모이는 진풍경을 연출해내더니, 말년에는 〈고별 콘서트〉라는 이름으로 계속 전 세계를 돌았다. 지나치게 상업적인 기획이 계속되었기 때문에 그를 사랑하던 팬들은 아쉬움을 표할 수밖에 없었다.

: 대신할 수 없는 목소리가 있다

파바로티는 췌장암 투병 중에도 공연을 이어갔다. 하지만 힘이 빠진 그는 마지막 공식 무대인 2006년 이탈리아 토리노에서 열린 동계올림픽 개막식에서 「아무도 잠들지 못하리」를 립싱크로 할 수밖에 없었다. 그리고 이듬해인 2007년 9월 6일, 일흔두 살의 나이로 세상을 떠났다. 그가 떠나고 나서야 비로소 알게 되었다. 아, 이제 우리는 파바로티가 없는 하늘 아래 살아야 하는구나. 이젠 그가 부르는 「그대의 찬 손」과 「돌아오라 소렌토」「아무도 잠들지 못하리」「남 몰래 흘리는 눈물」도 다시 들을 수 없구나.

음악의 세계에는 반드시 그 사람의 목소리여야 하는 노래가 있다. 다른 사람이 부르면 곧바로 '짝퉁'이 되어버리는 그런 노래. 그래서 벨리니(Vincenzo Bellini, 1801~1835)의 「정결한 여신」은 마리아 칼라스가 불러야 하고, 베토벤(Ludwig van Beethoven, 1770~1827)의 「아델라이데」는 프리츠 분덜리히(Fritz Wunderlich, 1930~1966)가 불러야 한다. 그리고 푸치니(Giacomo Puccini, 1858~1924)의 「아무도 잠들지 못하리」는 루치아노 파바로티가 불러야 한다. 그 곡은 그 목소리로 각인되어 있어 다른 목소리로는 대신할 수 없기 때문이다. 물론 이건 순전히 나의 주관적인 취향이다.

테너 유시 비욜링(Jussi BJorling, 1911~1960)의 메트로폴리탄 공연이 있던 날, 「뉴욕 타임스」 리뷰에는 이렇게 쓰여 있었다.

"나중에 내 아이들에게 두고두고 얘기할 것입니다. 유시 비욜링의 기량이 최고이던 시절에 그의 목소리를 무대에서 들었다는 사실을."

지금의 내 마음이 꼭 그와 같다. 위대한 음악의 사제들이여, 당신들과 동시대를 살아서 행복했습니다. 포에버 칼라스, 포에버 파바로티!

: 놓칠 수 없는 음반 :

스리테너 콘서트 – 1990년 로마 월드컵 공연 실황

이 공연은 원래 소박한 동기에서 출발했다. 백혈병으로 힘들어하던 카레라스의 재기를 돕고, 백혈병 재단도 돕는다는 취지였다. 세 사람 모두가 축구의 열광적인 팬이라는 점도 작용했다고 한다. (파바로티는 젊은 시절 축구 선수로 뛰기도 했다) 그러나 이 공연이 텔레비전으로 전 세계에 중계된 후, 클래식의 판도가 바뀌게 되었다. 무엇보다도 클래식 음악에 문외한인 사람들조차 그 잔치를 즐기면서 성악가의 기교가 이런 것임을 알게 만든 점이 가장 큰 성과일 것이다.

파바로티와 친구들 1집

클래식계 최고의 슈퍼스타가 된 파바로티는 팝 음악의 스타들과 본격적인 대형 크로스오버 공연을 열었다. 1992년 그의 고향 모데나에서 시작된 이 공연에는 보노(Bono), 주케로(Zucchero), 스팅(Sting) 등 대형 스타들이 파바로티와 한 무대에 섰다. 「미제레레」 「카루소」 같은 곡은 엄청난 인기를 끌었다. 그러자 비슷한 기획의 '친구들 시리즈'가 2000년까지 계속되었다. 인기 절정의 가수는 모두 파바로티와 노래했다 해도 과언이 아닐 정도였다. 그러나 2집 정도로 끝냈으면 얼마나 좋았을까 생각한다.

: 유튜브에서 보고 듣기 :

파바로티 바르셀로나 리사이틀 실황

파바로티의 목소리가 최고이던 1989년 바르셀로나에서 열린 리사이틀 실황이다. 무려 두 시간에 거쳐 수십 곡을 소화해내는 파바로티의 진면목을 볼 수 있다. 유튜브의 영상은 화질이 안 좋아서 참고만 하고 DVD로 보기를 권한다.

벨리니 「노르마」 중 「정결한 여신」 – 마리아 칼라스(Maria Callas)

또 한 사람의 '대신할 수 없는 목소리'의 대표적인 인물로 칼라스를 꼽는다. 이 곡을 부르는 칼라스의 모습은 1958년 파리 공연 영상 등 몇 개의 영상물로 남아 있지만 어디까지나 참고용일 뿐이다. 제대로 된 목소리는 역시 1954년 툴리오 세라핀과의 「노르마」 음반을 들어야 할 것이다.

베토벤 「아델라이데」 – 프리츠 분덜리히(Fritz Wunderlich)

파바로티의 목소리와는 또 다른 음색으로 감동을 준 독일의 테너 분덜리히. 1930년에 태어나 1966년 불과 서른여섯의 나이로 세상을 떠나버렸다. 그가 죽었을 때 신문이 가장 많이 쓴 표현도 '대신할 수 없는 목소리'였다. 베토벤의 가곡과 슈만의 「시인의 사랑」을 담은 음반은 지금까지도 부동의 명반으로 남아 있다.

세상의 모든 밤을 위하여
———————————— 커피의 손맛 & 쇼팽 「녹턴」

: 　　　　　명절 때만 되면 뉴스에서 민족의 대이동이니, 명절증후군이니 하는 말들이 나온다. 아들과 며느리, 딸과 사위의 입장에서 모두가 힘들게 느껴지는 명절이 되어버린 것 같아 좀 서글프다. 지난여름 부모님 집에 갔을 때, 본래의 의미가 퇴색되어버린 이 명절 문화를 바꿔보자고 얘기했더니 다들 흔쾌히 찬성표를 던졌다. 그래서 올 추석부터 부모님 댁에는 명절 전후로 교통이 좀 한가할 때 형제들이 형편에 맞게 다녀가기로 하고 명절엔 각자 가족끼리 지내기로 했다. 집안 사정에 따라 다를 수 있으니 이 방식이 좋고 나쁨을 따지지는 말자. 이건 가족 모두가 즐거운 명절을 보내기 위한 우리 집안의 결정일 뿐이다. 어쨌든 그 결과로 이번 추석 연휴는 늦잠도 자고 밀린 원고도 정리하며 아주 여유롭게 보냈다.

　　때마침 추석 연휴 동안 피아니스트 백건우 선생이 통영에 온다는 연

"나이가 드니 안 보이던 게 보여.
이젠 쇼팽이 무슨 말을 하려고 했는지 알 것 같아."
— 백건우

제1장
꿈꾸다

락을 받았다. 공연이 없는 명절 기간에 통영국제음악당에서 쇼팽의 녹턴을 녹음하기로 했다는 것이다. 백 선생과 나는 거의 30년 가깝도록 만나온 사이다. 한국 연주회는 물론이요, 외국 연주회도 취재한 적이 있고, 한국 공연이 있어 백 선생이 서울에 머물 때는 내 카페에서 와인을 나누기도 했다. 물론 그 자리에는 항상 윤정희 선생이 함께했다. 윤 선생의 표현을 빌리자면 "영화 없이 못 사는 남자와 음악 없이 못 사는 여자라서 이렇게 항상 붙어 있게 되었다"고 한다.

세월이 야속하리만큼 빠르게 흘러서 이제 두 분은 칠순을 넘겼고, 나 역시도 머리가 희끗희끗해졌다. 그러나 여전히 백건우 선생은 온종일 피아노에 매달려 있었다. 아마도 수백 번은 쳐봤을 법한 쇼팽 「녹턴」의 모든 곡을 다시 수십 번씩 반복하고 있었다. 나는 아직 출판되지 않은 소설의 한 부분을 미리 훔쳐보듯 설레는 마음으로 통영의 녹음 현장에서 그의 연주를 들었다.

: 쇼팽의 「녹턴」, 너무나 피아노적인 음악

「녹턴(Nocturne)」은 밤의 음악이다. '녹턴'이란 단어는 라틴어 Nocturnus에서 기원했는데, 밤을 말하는 Nox와 때를 말하는 Urnus가 합해진 단어다. 쇼팽 이전의 시대에도 밤의 음악은 많았지만, 대부분이 밤의 파티를 위한 배경음악으로 쓰였기 때문에 '세레나데'처럼 즐겁고 우아한 색채의 음악이었다. 그러나 낭만주의 시대가 되면 밤의 정서는 이전의 여흥적인 성격을 벗어나, 더욱 내밀하고 서정적인 표현으로 바뀌게 된다. 거기에 딱 어울리는 음악이 「녹턴」이었다.

「녹턴」의 시작은 아일랜드의 작곡가 존 필드(John Field, 1782~1837)가

피아노 연주를 위해 만든 열여덟 개의 음악에서 시작되었다. 존 필드의 「녹턴」은 분산화음의 반주를 타고 느린 멜로디로 서정미를 뽐내는 음악이어서 아마추어 피아니스트들에게 큰 인기를 끌기 시작했다. 그러던 것이 '피아노의 시인' 쇼팽을 만나 역사에 남는 위대한 밤의 음악으로 탄생한 것이다.

 쇼팽은 스무 살 되던 1830년부터 「녹턴」을 쓰기 시작했다. 가장 먼저 출판된 「작품번호 9」의 세 곡만 들어도 쇼팽이 얼마나 대단한 인물인지 알 수 있다. 마지막 「녹턴」인 「작품번호 62」의 두 곡을 쓴 것이 죽기 3년 전인 1846년이었으니, 사실상 쇼팽은 평생에 걸쳐 「녹턴」을 썼다 해도 과언이 아니다. 쇼팽이 세상을 떠난 후에 그가 남긴 악보를 정리해 세 곡이 추가되어 총 스물한 곡의 「녹턴」이 되었다. 아내의 표현대로 쇼팽의 「녹턴」은 감성지수가 높은 밤에 들으면 온갖 상념이 몰려오는, '참으로 울기 좋은 음악'이다.

 어떤 이들은 쇼팽의 「녹턴」이 지나치게 서정적이라는 이유로 그의 음악 수준을 깎아내리기도 한다. 호텔 라운지나 카페에 가면 가장 많이 들을 수 있는 곡이라서 지겹다고 말하는 사람도 있다. 그에 대해선 이번에 백건우 선생이 한 말을 들려주고 싶다.

"「녹턴」은 당시에 주로 살롱에서 연주되어서 그렇지 살롱 음악은 아니야. 멘델스존의 무언가나 슈베르트의 즉흥곡, 브람스의 인테르메초 같은 곡들이 모두 내성적이고 서정적이지만 작가마다 조금씩 차이가 있잖아. 멘델스존은 아무래도 노래에 가깝고, 슈베르트는 고전적인 맛이 강하지. 브람스는 브람스대로의 깊이와 동경 같은 게 있어. 그런데 쇼팽의 「녹턴」은 낭만적인 정서도 잘 나타나지만, 무엇보다 가장 피아노적인 맛이 있거든. 그래서 쇼팽이 피아노로 말하고 싶어하는 그 느낌을 계속 생각하게 돼."

: 커피는 모두 다르다

가끔 카페에 와서 산지별로 진열된 원두를 보면서 "저게 정말 맛이 다른가요?"라고 묻는 손님이 있다. "그럼요, 맛이 다르니까 이렇게 여러 종류를 볶아놓는 거죠"라고 대답하면서 원두마다 품고 있는 신맛, 쓴맛, 향기의 특징을 설명해주고는 한다. 그러면 끄덕거리며 재미있어하는 사람도 있고, 그냥 듣고 흘리는 사람도 있다.

어떤 때는 이런 질문도 들어온다. "분명히 똑같은 원두를 사서 갔는데 왜 집에 가서 커피를 내리면 이 맛이 안 나는지 몰라요." 그러면 나는 "다른 게 당연하죠. 그 맛이 똑같으면 커피전문점 망하게요?"라고 답하며 웃는다. 세부적으로 따져보면 분명한 이유가 있다. 우선 원두에 대한 이해도가 다르기 때문이다. 내가 직접 볶은 원두이기 때문에 어느 정도로 내리는 게 좋은지 내가 가장 잘 안다. 게다가 우리는 명색이 커피로 밥벌이를 하는 사람이니 원두를 분쇄하는 그라인더도 다르고, 원두의 굵기에도 많은 신경을 쓴다. 거기에 물 온도, 추출 시간, 잔의 종류와 잔 온도까지 신경 쓰면서 커피를 내리는 게 몸에 배어 있다. 그러니 맛이 다른 게 당연하다.

얘기가 나온 김에 집에서 핸드드립으로 내리는 커피의 손맛 포인트를 몇 가지 알려주고 싶다. 우선 신선한 원두를 써야 한다. 그리고 귀찮다고 미리 갈아두면 커피 향이 급속도로 날아간다. 작은 그라인더 하나

사서 마시기 직전에 갈아서 내리는 게 최상이다.

자, 지금부터 손맛이 작용한다. 그라인더가 생겼으면 원두를 갈아야 하는데 이때 커피 알갱이의 굵기가 중요하다. 너무 굵으면 내려오는 시간이 짧아져서 시고 밋밋한 맛이 나고, 너무 가늘면 쓰고 텁텁한 맛이 난다. 중간 볶음 된 커피를 기준으로 보자면 꽃소금 정도의 굵기가 적당하다. 물 온도는 90도를 기준으로 생각하면 편하겠다. 보이차 내릴 때처럼 펄펄 끓는 물을 부으면 쓴맛이 먼저 내려오게 되고, 너무 식은 물을 부으면 추출이 덜 돼 밋밋해진다. 그러니 만약 커피 맛이 너무 쓴 것 같다면 좀 더 굵게 갈아서 약간 더 낮은 온도로 내리면 되고, 너무 시고 밍밍하다면 조금 가늘게 갈아서 높은 온도로 내리면 맛이 좀 잡힐 것이다.

이 밖에도 하리오, 칼리타, 멜리타, 고노라는 이름의 드리퍼 종류에 따라, 그 위에 놓이는 종이 필터의 종류에 따라, 또는 그 위에 붓는 물줄기의 굵기와 방식에 따라 조금씩 차이가 나긴 한다. 하지만 기본적으로 위의 3요소인 보관-분쇄-물 온도만 점검해도 어느 정도 일관된 맛을 낼 수 있다.

커피 한 잔 마시자고 책을 쌓아두고 커피학을 공부할 것은 아니지만 기본적인 원리를 알면 더 맛있는 커피를 내릴 수 있다. 그 정도면 되는 것이고, 그다음은 그냥 김치 담그듯이 이렇게 저렇게 오래 하다보면 자신만의 커피 맛이 잡힌다.

그런데 가끔 자신이 내린 커피가 가장 맛있다며 다른 커피전문점의 커피를 모두 깎아내리는 사람을 본다. 자신의 맛을 내는 것과 자신이 최고라고 생각하는 것은 많이 다른데, "거 참 인생 고달프게 사는 양반

일세!"라는 생각이 든다.

: 음반은 세월을 기록한다

같은 생두도 볶고 내리는 방법에 따라 이렇게 맛 차이가 나는데, 음악은 연주자에 따라 얼마나 손맛이 다르겠는가. 악보 위에 적힌 그 많은 음표와 지시어들을 열 개의 손가락으로 표현하려면, 수많은 경우의 수가 따른다. 백 선생은 「녹턴」 악보 위에다 자신의 생각을 너무 많이 적다 보니 그동안 악보를 세 번이나 교체했다고 했다.

백 선생을 만나고 집으로 돌아와서 나는 쇼팽 「녹턴」을 연주자별로 다시 들었다. 그리고 보니 나 역시 강의 중에 「녹턴」에 대한 부분이 언급될 때 외에는 한동안 「녹턴」을 심도 있게 듣지 않았던 것 같다.

어린 시절, 아버지가 아끼던 별표 전축 위에 꽂혀 있던 아르투르 루빈스타인(Artur Rubinstein, 1887~1982)의 「녹턴」에서부터 젊은 시절에 좋아하던 상송 프랑수아(Samson François, 1927~1970)와 클라우디오 아라우(Claudio Arrau, 1903~1991)의 음반, 이어 그 후에 들은 이반 모라베츠(Ivan, Moravec)와 다니엘 바렌보임(Daniel Barenboim), 마리아 조앙 피레스(Maria Joan Pires), 그리고리 소콜로프(Grigory Sokolov) 등의 녹음을 주의 깊게 다시 들었다.

그런데 놀랍게도 예전에 들으며 생각했던 그 느낌이 아니었다. 내가 정열적이라고 생각했던 부분이 과도한 표현으로 들리는가 하면, 내가 너무 잔잔하다고 생각했던 부분은 절제되고 투명한 음색으로 다가왔다. 어찌 된 일인지 잠시 당혹스러웠는데, 결국 그 이유가 세월이 지났기 때문이라는 것을 깨달았다.

그래, 세월이 지나면 음악을 대하는 마음도 표현도 달라진다. 이건 그냥 자연스러운 것이다. 그래서 말년의 카를로 마리아 줄리니(Carlo Maria Giulini, 1914~2005)나 레너드 번스타인(Leonard Bernstein, 1918~1990)의 해석이 젊을 때의 해석과 그렇게도 다를 수 있고, 또 그런 신선한 맛에 새 음반을 사서 귀 기울여보게 된다.

그러고 보니 내가 그날 저녁에 백 선생에게 비슷한 질문을 했었다. 젊었을 때 생각했던 쇼팽과 지금 생각하는 쇼팽이 많이 달라졌냐고. 그러자 백 선생은 이렇게 말했다. "응, 나이가 드니 안 보이던 게 보여. 이젠 쇼팽이 무슨 말을 하려고 했는지 알 것 같아."

백 선생의 「녹턴」은 아마도 2019년 초쯤 발매될 것 같다. 그가 쇼팽의 「녹턴」을 어떻게 풀어낼 것인지 정말 기대가 된다. 내년을 기다리는 이유가 하나 더 생겨서 기쁘다.

: 놓칠 수 없는 음반 :

쇼팽 「녹턴」 – 아르투르 루빈스타인(Artur Rubinstein, 피아노)

루빈스타인은 1930년대, 1940년대 말, 1960년대 중반, 이렇게 세 번 「녹턴」을 녹음했다. 아무래도 RCA에서 나온 마지막 스테레오 녹음이 가장 좋은 평가를 받고 있다. "쇼팽은 루빈스타인이지!"라는 도식이 너무 지겨워서 의도적으로 피해왔다가 최근에 다시 듣고 있는데, '아! 그래서 루빈스타인이구나!' 하고 감탄하게 되었다. 특별히 꾸미지도 않으면서 그냥 가슴 깊은 곳을 툭툭 친다. 이 맛을 알게 되는 데는 세월이 필요했다.

쇼팽 「녹턴」 – 이반 모라베츠(Ivan Moravec, 피아노)

체코의 피아니스트 모라베츠는 미켈란젤리의 제자였다. 그의 1966년 녹음을 수프라폰 음반사에서 다시 발매했다. 이 음반엔 20번과 21번이 누락됐다. 그의 연주를 따뜻하고 신비하다고 평가하는 사람도 있고 과도한 페달링과 자의적인 해석이 거슬린다고 하는 사람도 있다. 루빈스타인이 너무 덤덤하게 느껴진다면 이 음반을 대안으로 추천한다.

: 유튜브에서 보고 듣기 :

쇼팽 「녹턴 작품번호 9-1」 - 백건우

2013년에 MBC가 기획한 백건우의 섬마을 콘서트 실황이다. 그랜드피아노를 섬마을로 옮기는 과정이 감동이었는데, 이 기획은 윤정희 씨의 아이디어였다고 한다. 자연과 하나가 된 잊지 못할 연주회 영상이다. 어느 음악 애호가는 이 영상을 보고 "죽을 만큼 자랑스럽다"고 했다.

쇼팽 「녹턴 작품번호 48-1」 - 조성진

2015년 쇼팽 콩쿠르 때의 영상이라서 볼 때마다 긴박감이 생긴다. 확실히 젊고 진한 연주다.

브람스 「인테르메초 작품번호 117-2」 - 아르투르 루빈스타인

「녹턴」을 연주하는 루빈스타인의 영상을 찾을 수 없어서 이 영상으로 대신하고자 한다. 브람스 인테르메초의 진가를 알려주는 참으로 고귀한 연주다.

제2장
채우다

우리는 아무것도 소유하지 못해
———— 케냐 AA & 모차르트 「클라리넷 협주곡」

: 자신이 주문한 커피를 맛보고는 "어? 이 맛이 아닌데?" 하며 고개를 갸우뚱거리는 손님이 가끔 있다. 지금 마시고 있는 커피가 자신이 기억하고 있는 맛과 다르다고 생각했기 때문이다. 커피는 생각보다 여러 가지 맛을 지니고 있다. 쓴맛이기도 하고 단맛이기도 하고 신맛이기도 하다. 초콜릿 맛이기도 하고, 아몬드 맛이기도 하고, 감귤 맛이기도 하다. 커피나무가 자란 지역과 종자에 따라 생두가 품은 원초적 맛이 다르다. 더하여 생두를 얼마나 볶았는지? 볶은 원두는 다시 몇 도의 물 온도로 내렸는지? 내리는 도구는 무엇을 사용했는지? 어느 정도의 시간으로 추출했는지에 따라서 강조되는 맛도 달라진다.

어제 온 손님에게 내려준 커피는 중간 정도로 볶아서 신맛을 살린 케냐AA 오타야 지역 루키라 농장의 것이었다. 그 손님은 아마도 케냐에서 신맛이 나서 주인장이 원두를 잘못 볶았다고 생각한 것 같다. '케냐

'AA=진하고 쓴맛'으로 알고 있던 사람들은 간혹 그 손님과 같은 반응을 보이기도 한다. 그래서 이 원두의 특성과 내가 좋아하는 로스팅 포인트와 나의 핸드드립 스타일을 알려주었다. 그제야 손님도 끄덕거리며 커피의 세계는 정답이 없는 것 같다고 웃으며 말했다. "신맛이 섞인 케냐가 훨씬 매력 있는 것 같아요." 그 말에 나도 마음이 흡족해졌다. 손님이 내 커피를 마시며 행복한 표정으로 "참 맛있어요"라고 할 때, 그보다 신나는 일이 또 있겠는가? 괜히 신이 나서 이것도 저것도 더 마셔보라고 내려주게 되는 건 인지상정이다.

과거 기자 시절에 뉴욕에서 '미국 바이올린계의 대모'로 불리는 도로시 딜레이(Dorothy DeLay, 1917~2002)를 인터뷰한 적 있다. 인터뷰가 끝날 때쯤 나는 단도직입적으로 물어보았다. "좋은 연주란 어떤 것이라 생각하시나요?" 그러자 딜레이가 짧고도 단호하게 대답해주었다.

"좋은 연주는 두 가지 조건을 만족해야 해요. 첫째는 남들과 다른 자신만의 해석을 할 수 있어야 하고, 둘째는 그 점을 청중에게 설득할 수 있어야 합니다."

살면서 이처럼 명확하면서도 폭넓게 적용되는 답변을 듣지 못했다. 커피를 볶고 내릴 때 혹은 음악 강의를 할 때 나만의 해석과 설득력이 있어야 한다고 마음을 다잡게 된다.

: 아프리카의 힘, 케냐AA

케냐의 붉은 대지에서 자라서 철분과 미네랄이 풍부한 커피 열매를 가공한 것이 바로 케냐AA다. 케냐에서 자란 생두는 커피에 필요한 모든 맛을 가지고 있다는 평가를 받는다. 커피가 품고 있는 맛이 다양하고 힘이 있을 뿐 아니라, 각각의 맛이 어우러지는 균형도 대단히 좋아서 커피 마니아들의 사랑을 받고 있다.

여기서 AA라는 말은 생두의 등급을 가리킨다. 케냐 커피는 생두의 크기에 따라 네 등급(AA, A, AB, C)으로 나누는데, AA는 가장 좋은 생두를 뜻한다. 이보다 더 좋은 최상급은 이스테이트 케냐(Estate Kenya)라고 별도로 분류한다. 물론 최상급 원두는 비싸다. 또 케냐 피베리(PB)가 있는데, 이 생두는 원래 커피 열매 한 개 속에 두 알씩 있어야 할 생두가 하나씩밖에 없는 변종들을 모아놓은 것이다. 간혹 손님들이 케냐AA와 케냐 피베리는 맛이 어떻게 다르냐고 묻는 경우가 있다. 이 특색을 뭐라고 해야 할까 고민하고 있는데 옆에 있는 아내가 툭 한마디 던진다. "피베리는 뿌연 유리가 선명해지는 느낌이 나는 맛이에요." 호! 아내가 점점 커피의 시인이 되어가고 있다.

생두가 품고 있는 힘 때문에 커피로스터들이 케냐AA를 강하게 볶는 경우가 많은데, 나는 강한 불을 사용하되 중간 정도로 볶는 걸 좋아한다. 적절한 산미와 향을 살리는 게 중요하다고 생각하기 때문이다. 제대로 강하게 볶은 쓴맛 나는 케냐도 좋지만, 쌉쌀하면서도 신맛이 살짝 감도는 케냐도 꼭 맛보시라고 말하고 싶다. 어쨌거나 로스터의 취향이 갈릴 정도로 케냐AA는 다채로운 맛을 선사한다.

잘 볶은 케냐AA를 마시고 있으면 사자와 얼룩말이 몰려다니는 아프리카 세렝게티 국립공원과 사바나 지역을 뛰고 있는 마사이족의 모습이 떠오른다. 그리고 피와 땀과 맨살, 야생의 이미지 사이로 가슴 시리게 아름다운 영화 〈아웃 오브 아프리카〉가 생각난다. 너무 오래된 영화이긴 하지만 케냐AA 커피를 얘기하면서 이 영화를 피해가기는 힘들다.

: 아마데우스, 신이 사랑하던 자

시드니 폴락(Sydney Pollack, 1934~2008) 감독이 1985년에 만든 영화 〈아웃 오브 아프리카〉는 덴마크의 여성 소설가 카렌 블릭센(Karen Blixen, 1885~1962)이 쓴 자서전을 각색하여 만든 작품이다. 아마도 영화광이라면 놓치지 않고 보았을 만한 명작이다. 이 영화의 배경이 바로 아프리카 케냐고, 극 중에서 카렌이 하는 일은 커피 농장을 경영하는 일이었다.

영화의 내용은 이렇다. 덴마크에 살던 카렌(메릴 스트립)은 케냐에 있는 약혼자 블릭센 남작과 결혼하기 위해 아프리카로 간다. 그러나 막연한 동경으로 시작한 아프리카 생활은 쉽지 않았다. 남편의 문란한 성생활로 인해 카렌은 성병에 걸려 아이를 가질 수 없게 되고 남편과 사이도 멀어진다. 그 막막한 시점에 운명처럼 데니스(로버트 레드퍼드)라는 남자를 만나게 되면서 새로운 로맨스가 싹트기 시작한다.

데니스는 아프리카의 자연을 진심으로 사랑하는 사람이었다. 여행을 알고 대화를 알았으며, 무엇보다 모차르트를 들을 줄 아는 남자였다. 그 당시 케냐는 영국의 식민지였는데 유럽인은 케냐 사람을 미개한 종족으로만 생각했다. 카렌 역시 그들을 교화의 대상으로만 생각해서 원주민 아이들에게 영어를 가르치고 기독교를 심어주려고 애썼다. 그런 카렌에게 데니스는 자신이 바라본 아프리카의 힘에 관해 이야기해준다. 아프리카 원주민에겐 문명이 없는 게 아니라, 단지 글로 쓰지 않는 것일 뿐이라는 말을 하면서 그들의 문화를 그 자체로 인정하고 받아들이는 법을 가르쳐준다.

그러던 어느 날 카렌을 경비행기에 태워 몸바사로 데려다주겠다고 약속한 날 데니스가 오지 않는다. 그녀에게 오는 도중 비행기가 추락하여 세상을 떠나버린 것이다. 슬픔에 잠긴 카렌은 데니스를 아프리카 초원에 묻고 그가 했던 말을 떠올리며 흐느낀다. "우리는 아무것도 소유하지 못해. 그저 스쳐 지나갈 뿐이야."

〈아웃 오브 아프리카〉는 그해 아카데미 시상식에서 작품상, 감독상, 각색상 외에도 촬영상과 미술상, 그리고 작곡상, 녹음상을 받았을 정도로 영상미와 음악이 탁월한 작품이었다. 특히 모차르트의 「클라리넷 협주곡 K.622」의 2악장은 이 영화 때문에 전 세계인의 사랑을 다시 한 번 받았다.

「클라리넷 협주곡 K.622」는 사실 모차르트의 일생 중에서 가장 힘든 시기에 만들어진 작품이다. 누군가에게 얽매이기 싫었던 모차르트는 자신의 천재성을 믿고 프리랜서로 독립했지만, 자유의 대가로 생활고에 시달렸다. 끼니를 위해 밤낮없이 일했지만 돌아오는 대가는 너무나 적었다. 이런 모차르트를 딱하게 여겨 작품을 의뢰한 사람이 빈 궁정악단에서 클라리넷을 연주하는 안톤 슈타틀러(Anton Paul Stadler, 1753~1812)였다.

그런데 모차르트는 이 아름다운 곡을 완성하고 두 달 만에 세상을 떠났다. 미완성으로 남긴 「레퀴엠」과 짧은 소품 하나를 제외하면, 이 곡이 모차르트의 마지막 완성작이라 할 수 있다. 생의 마지막 힘겨움 속에서

완성한 작품이지만, 음악 어디에서도 슬프거나 고통스러운 모습을 발견할 수 없다. 오히려 석양 녘에 부는 목동의 피리처럼 투명하고 아련하며 평온하기까지 하다. 어쩌면 모차르트는 자신의 죽음을 알았던 것일까? 마치 그가 지나간 짧은 삶을 반추하며 미소 짓는 것 같은 느낌이 든다.

: 장미 입술의 아가씨여, 펄펄 날던 청년들이여

영화 속에서 아프리카를 떠나는 날 카렌은 그녀를 멸시해오던 남자들로부터 건배사 제의를 받는다. 그때 카렌이 남긴 한마디 말은 이것이었다. "Rose-lipped maidens, light foot lads" 번역하면 "장미 입술의 아가씨들과 펄펄 날던 청년들을 위하여!" 정도 되겠다. 이 말은 원래 영국의 시인 알프레드 하우스먼(Alfred Edward Housman, 1859~1936)의 시집

『슈롭셔의 젊은이(*Shropshire Lad*)』에 나오는 시의 한 부분이다. 원시를 보면 이 말의 정서를 좀 더 이해할 수 있다.

"후회로 가득한 내 마음이여.
그 빛나던 친구들,
장미 입술의 아가씨들,
펄펄 날던 청년들이여.

건너뛰기엔 너무 넓던 시냇가에,
장미가 시드는 들녘에,
펄펄 날던 청년들이 누워 있고
장미 입술의 아가씨들도 잠들어 있네."

청춘도 가고 사랑도 지나가지만, 시냇가와 들녘은 남아서 그 자리를 지키고 있다. 아프리카의 대지는 여전히 붉게 타오르고 있으며 사자와 얼룩말은 초원을 달리고 있다. '신이 사랑한 자'라고 해서 '아마데우스'라고 불리던 모차르트도 서른다섯의 젊은 나이로 세상을 떠나버렸고, 음악만이 영원히 남아 있다. "우리는 아무것도 소유하지 못해. 그저 스쳐 지나갈 뿐이야." 영화 속의 대사를 끄덕거리며 곱씹게 된다. 이 순간, 누가 뭐래도 케냐AA 한 잔을 마시면서 듣는 모차르트의 클라리넷 협주곡만 한 위로가 없다. 고맙고 과분한 평화다.

제2장
채우다

: 놓칠 수 없는 음반 :

모차르트「클라리넷 협주곡」- 잭 브라이머(Jack Brymer, 클라리넷), 로열필하모닉 / 토머스 비첨(Thomas Beecham)

모차르트는 말년에 당시 빈 궁정 오케스트라 연주자인 슈타틀러의 클라리넷 연주에 반해서 협주곡과 5중주를 쓰게 되었다. 그 후 이 곡은 모든 클라리넷 연주자가 무조건 올라가야 할 산이 되었다. 레오폴트 블라흐(Leopold Wlach, 1902~1956), 카를 라이스터(Karl Leister), 자크 랑슬로(Jacques Lancelot, 1920~2009), 자비네 마이어(Sabine Meyer) 등 수많은 명인이 앞을 다투어 이 곡을 녹음했다. 오래된 녹음이지만 브라이머와 비첨의 음반은 언제 들어도 좋다.

모차르트「클라리넷 5중주」- 다비드 시프린(David Shifrin, 클라리넷), 에머슨 4중주단

「클라리넷 협주곡」도 좋지만, 개인적으로는 「클라리넷 5중주」를 더 사랑한다. 이 곡은 클라리넷의 음색도 좋지만 그와 함께 멜로디를 주고받으며 노니는 네 개의 현악기(바이올린 두 대, 비올라, 첼로)를 들여다보는 맛이 각별하다. 쉬프린과 에머슨 4중주단의 만남은 군더더기 없이 깨끗하고 정밀한 멋이 있다. 어쩌면 이토록 우아하면서도 애잔할까.

: 유튜브에서 보고 듣기 :

모차르트 「클라리넷 협주곡」 - 마틴 프뢰스트(Martin Fröst, 클라리넷), 덴마크 라디오 심포니/토마스 쇠나고르(Thomas Sondergaard)

클라리넷 연주자 지명도에서 안드레아스 오텐잠머(Andreas Ottensamer)와 현재 쌍벽을 이루는 스웨덴 출신의 클라리네티스트 마틴 프뢰스트의 연주 실황이다. 춤곡처럼 유연한 연주를 들려준다.

모차르트-클라리넷-1

모차르트 「클라리넷 5중주 K.581」 - 페터 슈미틀(Peter Schmidl, 클라리넷), 빈필 멤버들

빈필의 수석 클라리넷 주자인 슈미틀과 빈필 멤버들의 1995년 일본 히로시마 공연 실황이다. 아날로그 비디오를 디지털로 다시 옮긴 영상이라서 음질, 화질이 맘에 들지는 않지만 연주는 확실하다.

모차르트-클라5중주

브람스 「클라리넷 5중주 B단조 작품번호 115」 - 찰스 나이딕(Charles Neidich, 클라리넷), 파커 4중주단

클라리넷 5중주를 이야기하면서 이 곡을 그냥 넘어갈 수는 없다. 모차르트의 「클라리넷 5중주」와 비교해서 들어보면 같은 악기, 같은 구성으로 얼마나 다른 세상을 보여주는지 알 수 있다.

브람스-클라5중주

함부로 천사를 만들지 말라
코피 루왁 & 베토벤 「교향곡 3번 '영웅'」

: 아무래도 갱년기가 중기에 접어든 모양이다. 나이가 들면 남자에게도 여성호르몬이 증가한다는데, 내 몸에 여성호르몬이 증가한 게 틀림없다. 그렇지 않고서야 어찌 이렇게 자주 코끝이 시큰거리고 눈물을 주체할 수 없는 지경에 이를 수 있단 말인가. 지난 주에 페르골레시(Giovanni Battista Pergolesi, 1710~1736)의 〈스타바트 마테르〉 강의를 하면서 어머니에 관한 시를 읊다가 목이 메어 혼났다. 가장 힘든 일은 매주 일요일 아침에 〈동물농장〉이라는 TV 프로그램을 볼 때다. 차가 쌩쌩 오가는 도로변에서 자기를 버린 주인을 하염없이 기다리고 있는 강아지가 나오는가 하면, 이미 죽어서 말라버린 어미 옆에 먹이를 물어다 놓고는 어미를 핥아주다가 그 곁에서 잠든 새끼 고양이가 나온다. 인간의 잔인함에 상처 입은 동물의 눈동자를 보면 정말 슬프고 미안하다.

코를 훌쩍거리다가 옆을 보니 아내도 연신 눈물을 닦아내고 있다. 그래서 올해 〈베토벤의커피〉 송년바자회 수익금은 동물단체에 기부하기로 했다. 송년바자회는 카페를 오픈할 때부터 계획했던 일이다. 서울에서 통도사 근처로 이사 올 때 필요 없는 물건은 다 버리고 왔다고 생각했다. 그런데도 와서 짐을 풀고 보니 몇 년째 사용하지 않는 물건들이 또 있는 것이 아닌가. 그래서 그릇이며 인테리어 소품 등을 모아 싼 가격에 팔기 시작한 것이 송년바자회의 시작이었다. 첫해의 수익금은 동티모르에 계신 신부님과의 인연으로 그곳 어린이들에게 축구공과 유니폼을 보내게 됐고, 작년 수익금은 부산 판자촌에 사는 어린이들의 공부방에 보냈다. 올해는 단골손님들도 도움을 주어서 도자기와 인테리어 소품, 책 등이 작년보다 더 풍성해졌고, 송천 스님은 일일 바리스타로 참여해 커피도 내려주었다. 딱히 광고도 안 했는데 카페가 사흘 내내 북적였다. 따뜻한 가슴들이 연결되는 것 같아서 기분이 좋았다.

: 사향고양이의 눈물

잭 니콜슨(Jack Nicholson)과 모건 프리먼(Morgan Freeman)이 주연한 영화 〈버킷 리스트〉를 보면 백만장자로 나오는 니콜슨이 자신의 부를 과시하기 위해 항상 가지고 다니는 커피가 있다. 이름하여 '코피 루왁(Kopi Luwak)'. 인도네시아어로 코피는 커피, 루왁은 사향고양이라는 뜻이다. 인도네시아와 필리핀 등지에서 서식하는 루왁이 커피 열매를 먹고 소화하지 못해 배출된 알맹이를 정제하여 만든 원두가 코피 루왁이다. 은근한 발효 향에다 희소성까지 더해져 세계에서 가장 귀한 커피로 알려졌다. 누군가 이에 대해 '커피의 천사'라는 표현을 쓰기도 했다.

코피 루왁이 영화에까지 등장할 정도로 인기가 높아지자 여기저기서 각종 동물의 배설물을 이용한 커피가 등장했다. 베트남에서는 족제비에게 커피 열매를 먹여서 받아낸 커피를 내놓았고, 태국과 인도에서는 코끼리를 이용해서 '아이보리 커피'를 만들어냈다. 심지어는 에티오피아의 염소 커피, 베트남의 당나귀 커피, 서인도제도의 박쥐 커피까지 등장하고 있다.

이런 문제는 언제나 '돈이 된다'는 데서 생겨난다. 자연 상태에서 잘 익은 커피 열매를 따먹던 사향고양이는 탐욕스러운 인간들에게 체포되어 움직일 수도 없이 좁은 케이지에 갇힌 채 커피 열매만 강제적으로 먹게 된다. 10년은 살 수 있을 고양이들이 한두 해 만에 스트레스와 질병으로 죽는다. 이것은 더 이상 커피가 아니라 사향고양이의 눈물이다. 우리는 그 눈물을 마시면서 귀족이나 된 듯 황홀한 표정을 짓고 있다. 그러지 말자고 간곡하게 부탁하고 싶다.

누군가 또는 무엇을 묘사할 때 '천사'를 들먹이며 떠들 때는 무조건 조심해야 한다. 천사는 악마의 상대 개념이다. 천사가 있는 곳에 악마도 있는 법이다. 물론 자연에서 얻어진 코피 루왁도 있겠지만 돈을 얻고자 동물의 눈물을 받아낸다면 그로 인해 우리의 영혼은 피폐해질 것이다.

: 두 명의 영웅, 나폴레옹 vs 베토벤

'천사'라는 종교적 상징이 역사 속으로 들어오면 '영웅'이라는 이미지와 비슷해진다. 시절이 혼미할수록 사람들은 시대를 구할 '영웅'을 기대한다. 베토벤이 살던 시대에도 그랬다. 유럽 역사에 한 획을 그은 사건인 프랑스 대혁명은 베토벤의 나이 19세 때 일어났다. 왕, 귀족, 성직자에게만 허락된 것인 줄 알아왔던 권리가 모든 인간의 것임을 자각하게 되는 대변혁이 일어난다. "인간은 자유롭게 태어나 살아갈 천부적 권리를 가지며, 지상권은 국민 속에 있고, 법은 모든 국민의 의사 표시이며, 모든 국민 앞에 평등해야 한다. 그리고 생각과 표현의 자유로운 의사 표시는 인간의 가장 소중한 권리다"는 것이 대혁명이 만든 생각이었다.

그러나 세상은 한 번의 혁명으로 온전히 바뀔 만큼 녹록지 않다. 대혁명에 이어진 갈등, 독재, 공포정치로 시민들은 계속 고통을 받았다. 이때 나타난 사람이 보나파르트 나폴레옹(Napoléon Bonaparte, 1769~1821)이다. 1799년에 나폴레옹이 제1통령으로 취임할 때만 해도 유럽 시민사회는 프랑스를 부러운 눈으로 바라보고 있었다. 자크 루이 다비드(Jacques-Louis David, 1748~1825)가 그린 「알프스를 넘는 나폴레옹」 그림에서 잘 나타나듯 나폴레옹은 유럽 사회에 횃불을 들고 나타난 프로메테우스 그 자체였다.

나폴레옹이라는 영웅이 등장했을 때 베토벤은 뭘 했을까? 빈으로 온 베토벤은 30세가 되던 1800년에 「피아노 협주곡 1번」과 「교향곡 1번」을 발표하면서 세간의 주목을 받았다. 그러나 이때부터 베토벤의 귓병이 악화되기 시작했다. 흔히들 베토벤이 나이 들어서 귀가 안 들리게 되었다고 생각하는데, 베토벤은 이미 20대 후반부터 청각 장애로 괴로워하고 있었다. 1801년에 친구 베젤러에게 쓴 편지에서 그는 "얼마나 내 존재를 저주했는지 모르네……. 그러나 최대한 이 처절한 운명과 싸워보고 싶네"라며 자신의 신세를 한탄했다.

이듬해가 되자 사랑하던 여인마저 그의 곁을 떠나버린다. 그는 결국

베토벤 「교향곡 3번」 자필 악보.
'보나파르트'라고 적힌 악보의 표지를 펜으로 박박 그어버렸다.
대신 「신포니아 에로이카」라고 제목을 수정했다.

베토벤의
커피

두 동생에게 「유서」를 쓴다. 너무나 유명한 「하일리겐슈타트의 유서」에서 베토벤은 이렇게 절규했다.

"내가 가진 예술적 재능을 모두 발휘하기 전에는, 설령 내 운명이 아무리 가혹하게 괴롭히더라도 죽고 싶지는 않다……. 그러나 죽음이여, 용감히 너를 맞으리니, 오려거든 오라!"

물론 베토벤이 「유서」를 쓰고 이내 목숨을 끊은 것은 아니다. 그는 절망의 가장 밑바닥으로 자신을 끌어내린 후, 그 반동을 이용해서 치고 올라가는 타입의 사람이었다. 베토벤은 바로 이 시기에 어떤 영웅에 대한 소식을 들었다. 이 혼탁한 세상을 프랑스 혁명의 이념으로 구제해줄 영웅, 그의 이름이 나폴레옹이었다. 베토벤은 이상가였다. 그는 현재의 어려운 상황을 헤쳐나갈 영감의 이정표로 나폴레옹을 설정했고, 그를 위한 교향곡을 작곡하는 데 힘을 쏟아부었다. 그래서 1804년에 태어난 작품이 「교향곡 3번 E플랫장조 작품번호 55」였다. 베토벤은 이 교향곡의 표지에 「보나파르트 교향곡」이라고 써놓았다.

: 천사도 아니고 영웅도 아닌

그러나 「보나파르트 교향곡」이라 이름 붙인 곡을 작곡해놓았을 때, 나폴레옹에 대한 이상한 소식이 들려왔다. 공화정의 이념을 수호할 것이라 믿었던 나폴레옹이 헌법을 이미 자신의 입맛대로 바꿔버린 후 종신 총통이 되더니만, 급기야 황제의 자리에 올랐다는 소식이었다. 베토벤은 이 소식을 듣고 불같이 화를 냈다.

"그 녀석도 결국 똑같이 욕심 많은 인간에 불과했다는 말인가? 황제라고? 또 백성의 권리를 짓밟겠다는 거지? 그도 이젠 자기의 야심 이외에는 아무것도 생각하지 않는 사람이 되고 말았군. 이제 모든 사람 위에 군림하려 하겠지. 조만간 폭군이 되고 말 거야!"

베토벤은 이렇게 외치면서 '보나파르트'라고 적힌 악보의 표지를 펜으로 박박 그어버렸다. 대신 「신포니아 에로이카」라고 제목을 수정했다. 이 흔적은 현재 악보 사본과 함께 오스트리아 빈에 보존되어 있다.

베토벤의 예언대로 결국 나폴레옹은 1805년 아우스테를리츠 전투에 이기면서 베토벤이 살던 오스트리아를 지배하기에 이른다. 그리고 계속 침략 전쟁을 벌여 유럽 전역을 아수라장으로 만들어갔다. 당시 프랑스의 '황제 교리문답'에는 이런 내용까지 있었다. "신은 나폴레옹을 우리의 황제로 만드셨다. 그러므로 우리의 황제를 존경하고 받드는 것은 바로 신 자체를 존경하고 받드는 것이다." 나폴레옹은 이렇게 '반인반신'의 위치에까지 오르려 한 것이다. 그러나 권불십년 화무십일홍(權不十年 花無十一紅)이라! 폭군의 권력은 오래가지 못했다. 나폴레옹은 1815년에 세인트헬레나섬에서 쓸쓸히 세상을 떠나고 말았다.

반면 베토벤은 「3번 교향곡 '영웅'」부터 시작하여 엄청난 에너지로 명작들을 쏟아냈다. '걸작의 숲'이라 불리는 창작 시기가 바로 이때부터 시작된 것이다. 이후 베토벤의 교향곡 세계는 작곡가들에게 넘을 수 없는 장벽이 되었다. 리하르트 바그너(Wilhelm Richard Wagner, 1813~1883)마저 이렇게 말한 바 있다.

"교향곡을 쓸 권리는 베토벤에 의하여 소멸되었다. 이 최후의 교향곡은 음악을 보편적 예술에 결합시킨 것이다. 그것은 소리로 된 복음이다. 그 이상 진보할 수는 없다."

진짜 영웅은 나폴레옹이 아니라 베토벤이었던 것이다.

다시 '코피 루왁' 얘기로 돌아와서, 또 하나의 영화 장면으로 마무리하고 싶다. 오기가미 나오코(荻上直子, Ogigami Naoko) 감독의 〈카모메 식당〉이라는 일본 영화에는 커피를 너무 사랑해서 도둑질까지 하던 사람이 나오는데, 그가 주인에게 커피를 맛있게 하는 비장의 주문을 가르쳐주는 장면이 있다. 갈아놓은 커피 가루에 손가락을 집어넣고 "코피 루왁!"이라고 나지막이 읊조린다. 주문을 왼 후에 내리면 커피가 맛있어진다는 얘기였다. 주인은 이 황당한 주문을 그대로 따라 한다. 그런데 모두 정말이지 커피가 맛있어졌다고 얘기한다.

이때의 '코피 루왁'이라는 주문이 가리키는 것은 비싼 루왁 커피도 아니고 '천사'로 위장된 사향고양이의 눈물도 아니다. 그 주문은 아마도 "맛있어져라!" 하는 정도의 희망일 것이다. 마음을 다해 맛있어지라고 말하면서 내리는 커피는 분명히 맛있게 되어 있다. 그건 내 안에 가짜 천사가 아닌 진짜 천사의 마음이 들어 있기 때문일 것이다.

제2장
채우다

: 놓칠 수 없는 음반 :

베토벤 「교향곡 3번」 – 르 콩세르 나시오날 / 조르디 사발(Jordi Savall)

베토벤은 이 곡이 이전의 교향곡과는 완전히 다른 곡이 되길 원했다. 그래서 원전 연주자들의 음반을 권해본다. 고음악 연주의 획을 그은 로저 노링턴(Roger Norrington), 존 엘리어트 가디너(John Eliot Gardiner), 니콜라우스 아르농쿠르(Nikolaus Harnoncourt, 1929~2016)의 연주가 그랬던 것처럼, 베토벤 당대 오케스트라 규모로 편성한 오케스트라 연주이지만 대단히 치밀하면서도 박력 있다. 무엇보다 음질이 아주 좋다.

베토벤 「교향곡 3번」 – 런던심포니 / 베르나르트 하이팅크(Bernard Haitink)

많은 지휘자가 나이가 들면서 지휘봉이 느려지는데, 하이팅크에게서는 그런 모습을 전혀 발견할 수 없다. 템포를 바짝 조이되 세밀한 표현과 리듬감도 놓치지 않는다. 과거 로열콘세르트허바우 오케스트라와의 녹음도 좋지만 새로 녹음한 런던심포니와 협연한 음반이 음질이나 표현 면에서 더욱 맘에 든다.

베토벤의
커피

: 유튜브에서 보고 듣기 :

베토벤 「교향곡 3번」 - 빈필/레너드 번스타인(Leonard Bernstein)

번스타인이 말년에 빈필과 녹음한 베토벤, 브람스 등의 교향곡 시리즈는 정말 좋았다. 오래된 영상이라서 화질은 떨어지지만 그 대신 번스타인이라는 지휘자의 존재감이 모든 것을 커버한다.

베토벤 「교향곡 3번」 - 파리 오케스트라/헤르베르트 블롬슈테트(Herbert Blomstedt)

과거에 드레스덴 슈타츠카펠레와 녹음한 블롬슈테트의 「베토벤 교향곡 전집」은 지금도 여전히 빛을 잃지 않고 있다. 블롬슈테트-베토벤 시리즈의 위용을 기억하는 사람이라면 이 영상을 추천한다.

베토벤 「에로이카 변주곡 작품번호 35」 - 백혜선(피아노)

1802년에 작곡한 작품으로 서주, 주제에 이은 열다섯 개의 변주로 이루어져 있다. 주제는 클레멘티의 소나타 「작품번호 13-6」에서 따온 것이라고 한다. 베토벤은 이 주제를 워낙 좋아해서 나중에 「교향곡 3번 4악장」에도 사용했다. 그래서 이 변주곡이 「에로이카 변주곡」으로 불리게 되었다. 연주 시간이 24분쯤 되는 장대한 변주곡이다.

한 잔의 커피, 한 곡의 노래
──── 가비(咖啡)의 역사 & 정지용 「고향」

: 나도 시골에서 카페를 하고 있지만, 차를 타고 돌아다니다보면 "아니, 이런 외진 곳에 이렇게 큰 카페가 있다니!" 하면서 놀랄 때가 많다. 근데 우리가 남 걱정할 처지는 아니었다. 나중에 들은 이야기지만 우리가 처음 이 시골에 내려와서 카페 공사를 하고 있을 때 주변에 걱정하는 사람이 많았다고 한다. "이 시골에서 커피를 얼마나 마신다고, 우짤라꼬 서울에서 이사까지 왔노."

한국 사람들이 정말 커피를 많이 마시는 걸까? 국세청 자료를 찾아보니 한국의 커피 시장 규모는 2017년에 10조 원을 돌파했다고 한다. 1인당 커피 소비량도 연간 512잔이나 된다고 한다. 그렇다면 한국은 명실상부한 커피공화국이라 할 수 있지 않을까?

: 고요한 아침의 나라, 커피를 시작하다

"나는 가비의 쓴맛이 좋다. 왕이 되고부터 무얼 먹어도 쓴맛이 났다. 헌데 가비의 쓴맛은 오히려 달게 느껴지는구나."

주진모와 김소연이 주연을 맡았던 2012년 영화 〈가비〉에서 고종이 한 말이다.

'가배' 혹은 '가비(咖啡/珈琲)'라 불린 커피가 우리나라에 상륙한 것은 언제쯤일까. 그리고 일반인들은 언제부터 커피를 마시기 시작했을까. 몇 가지 자료를 찾아보니 1880년대로 추정된다. 조미 수호통상사절단을 수행한 공로로 한국에 초청된 미국의 유명한 천문학자 퍼시벌 로웰(Percival Lowell, 1855~1916)은 한국에 머물면서 당시 조선의 정치와 문화를 자세히 기록했다. 그가 초청된 시기가 1883~1884년 사이였는데 그때의 기록을 엮은 책이 『조선, 고요한 아침의 나라(*Chosŏn: The Land of the Morning Calm*)』이다(한국에선 '내 기억 속의 조선, 조선 사람들'이란 제목으로 번역되어 나왔다).

이 책에는 1884년 1월에 한강변 누각에 올라가 '당시 조선의 최신 유행품이던 커피를 마셨다'는 기록이 있다. 또 하나의 기록은 1884년부터 3년간 의료선교사로 일했던 호러스 앨런(Horace Newton Allen, 1858~1932)의 『일기』에서 궁중을 드나들 때 시종들에게 홍차와 커피를 대접받았다는 글이 있다.

어떤 자료를 보면 한국에서 처음 커피를 마신 사람이 고종이며 바로 아관파천(1896년) 때 러시아 공사관에서였다고 하는데, 이런 얘기는 영화 소재로는 좋을지 몰라도 역사적인 증거로는 희박한 소리다. 우리나

베토벤의
커피

라에서 처음으로 커피를 판매한 곳이 '손탁호텔'이라는 말도 있는데 이 역시 근거가 명확하지 않다.

커피는 일본이 조선을 강제로 합병한 후 본격적으로 밀려들어왔다. 「황성신문」에 따르면 1909년 11월 1일 남대문 역사 내에 일본인이 운영하는 기사텐(喫茶店)이 개업했다는 기사가 있는데, 기사텐은 다방을 일컫는 일본식 표기다. 외국인을 위한 대불호텔, 손탁호텔에서만 맛볼 수 있던 커피가 이때부터 본격적으로 한국인에게 소개되기 시작한 것이다.

그로부터 머지않아 다방이라는 한국식 커피숍이 속속 생기기 시작한다. 한국인이 개업한 첫 다방은 1927년에 영화감독 이경손이 종로구 관훈동에 문을 연 '카카듀'였다. 예나 지금이나 예술가들은 새로운 시도와 도전을 두려워하지 않는다. '카카듀'라는 다방의 이름은 프랑스 혁명기 때 있었던 비밀 술집 이름을 딴 것이라고 한다. 이후 시인 이상이 1933년 기생 금홍과 청진동 입구에 '제비'라는 다방을 개업했고, 극작가 유치진은 소공동에 '프라타나스'를, 영화배우 복혜숙은 인사동에 '비너스'라는 다방을 개업했다. 파리나 런던에서 초기의 커피숍이 예술가들의 사랑방이었듯이 한국의 다방도 이른바 '모던 보이'들의 문화 아지트가 되었다.

: 다방과 한국 가곡의 추억

경주에 살던 초등학교 시절에 저녁밥을 먹을 때쯤 되어서 어머니가 아버지를 찾아오라고 하면 내가 가는 곳은 정해져 있었다. 가깝게는 '청기와다방', 멀게는 '고궁다방' 사이의 어느 지점에 아버지가 계셨다. 수

족관 빛이 대각선으로 들어오는 어두컴컴한 자리에서 아버지는 마치 영화〈대부〉의 한 장면처럼 동네 아저씨들과 담배를 피우고 있었다. 내가 살던 경주에선 심부름 온 그 집안 장남을 그냥 보내는 법이 없었다. 아버지 친구들은 내게 달걀노른자를 넣은 커피에 설탕을 잔뜩 타서 한 잔 마셔라 하시고는 용돈까지 쥐여 주셨다. 10대 초반부터 그런 식으로 커피를 얻어 마셨으니 나 또한 커피를 마신 역사가 못해도 40년은 넘는다고 할 수 있겠다.

어린 시절 아버지에 대한 추억이 다방과 겹친다면, 어머니의 추억은 항상 노래 부르는 장면과 겹친다. 어머니는 노래 부르는 것을 무척 좋아했다. 유명한 성악가는 되지 못했지만, 교회 성가대와 지역 어머니합창단에서 오래도록 활동했다. 그때는 한국 가곡의 전성기로 초등학생부터 어머니합창단에 이르기까지 가곡 부르기가 유행이었고 당연히 가곡 경연대회도 많았다. 공연을 마치고 어머니와 손을 잡고 집으로 돌아오는 길에는 가끔 포장마차에 들러 어묵을 먹었는데 포장마차 30촉 백열등에 비친 어머니 모습이 그리도 좋아 보였다. 코끝이 찡해지는 기억의 조각들이다.

한국 가곡의 역사도 어찌 보면 커피와 비슷한 시대를 거쳤다. 1880년대에 아펜젤러(Alice Appenzeller, 1885~1950), 스크랜튼(Mary Scranton, 1832~1909), 언더우드(Horace Grant Underwood, 1859~1916) 등의 외국인 선교사들이 배재학당과 이화학당, 경신학교를 설립하면서 창가 과목으로 외국 민요와 찬송가를 교과목에 넣었다. 이것이 한국에 들어온 첫 서양음악의 모습이다. 이후 1920년대에 들어서면서 예술가곡이 나타나는데, 그 첫 신호탄이 지금도 불리고 있는 홍난파의「봉선화」였다. 원래 홍난파의 「봉선화」는 「애수」라는 제목의 바이올린 곡이었는데, 1925년에 김형준이 가사를 붙여 「봉선화」라는 가곡이 되었다. "울 밑에선 봉선화야, 네 모양이 처량하다"로 시작하는 이 노래는 한국 최초의 서양식 가곡이다. 3·1운동 직후에 시련을 겪고 있는 한민족의 역사를 담장 밑에 핀 봉선화로 표현하여 많은 사람의 심금을 울렸다. 그 뒤를 이어 박태준의 「동무생각」과 안기영의 「진달래꽃」, 현제명의 「고향생각」이 속속 발표되었고 1929년 현제명이 미국에서 귀국해 독창회를 가진 이후에는 이인선, 채선엽, 정훈모 등 예술가곡을 부르는 한국의 1세대 성악가들도 탄생했다.

역사적으로 가장 암담했던 1930~1940년대에 수많은 예술가곡이 나타났다는 것은 신기한 일이다. 김세형의 연가곡 「먼 길」을 비롯해 이흥렬의 「바우고개」, 조두남의 「선구자」, 김동진의 「가고파」, 김성태의 「동심초」, 윤이상의 「고풍의상」, 안성현의 「엄마야 누나야」 등이 모두 이 시기에 만들어져 지금까지 불리고 있는 명곡이다.

그 시절을 살아낸 음악가들의 삶은 이루 말할 수 없이 처절하고 힘겨웠다. 그들의 삶 자체가 한국 근현대사의 질곡을 보여주고 있다. 홍난파의 경우엔 본의 아니게 친일의 길을 걸어야 했고, 정율성은 해외로 나가 항일운동을 했다. 한국전쟁에 이은 조국 분단으로 인해 안기영, 안성현, 이건우, 김순남 등은 북으로 떠난 후 돌아오지 못했다. 월북한 작곡가들의 곡은 1988년까지 금지되는 비운을 겪었다. 독일에 있던 윤이상의 유해는 2018년이 되어서야 고향으로 돌아올 수 있었다.

: 네 개의 가사를 가진 비운의 가곡

한국 가곡이 우리 민족의 굴곡진 역사를 얼마나 짙게 반영하고 있는지는「고향」한 곡으로도 알 수 있다. 채동선이 작곡하고 정지용이 가사를 쓴 가곡「고향」은 박화목이 작사한「망향」으로 불렸다가, 이은상 작사의「그리워」와 이관옥 작사의「고향 그리워」로도 불리다가 다시「고향」으로 복귀한 비운의 가곡이다.

정지용의 시는 이렇다.

고향에 고향에 돌아와도/그리던 고향은 아니러뇨./산꿩이 알을 품고/뻐꾸기 제철에 울건만/마음은 제 고향 지니지 않고/머언 항구로 떠도는 구름./오늘도 뫼 끝에 홀로 오르니/흰 점꽃이 인정스레 웃고/어린 시절에 불던 풀피리 소리 아니나고/메마른 입술에 쓰디쓰다./고향에 고향에 돌아와도/그리던 하늘만이 높푸르구나.

정지용의「고향」은 1920년대에 발표한 시에 채동선이 곡을 붙여 도쿄독창회에서 처음 발표한 후, 1933년『채동선 가곡집』에 수록되었다. 그러나 한국전쟁 직후에 정지용이 월북 작가로 분류되는 바람에 이 곡은 금지곡이 될 형편에 놓였다. 그래서 금지될 것을 막기 위한 출판사의 의뢰로 동요 작가 박화목이 새 가사를 붙여 "꽃 피는 봄 사월 돌아오면"으로 시작하는「망향」이라는 노래로 변형됐다. 그러다가 1964년에 채동선 타계 12주기를 맞아 채동선 유족의 의뢰를 받은 이은상이 "그리워 그리워 찾아와도"로 시작하는「그리워」로 다시 가사를 붙였고, 이후 서울대 이관옥 교수도 "내 정든 고향을 떠나와서"로 시작하는 「고향 그리워」를 만들었다. 그러다가 1988년 7월 19일 자로 정지용을 비롯한 김기림, 임화, 백석 등 월북 작가들의 작품이 해금되었다. 그때부터 채동선의 곡은 다시 정지용의 원래 가사로 불리기 시작했다.

"좁쌀 한 톨에도 우주가 들어 있다"는 말처럼 커피 한 잔, 노래 한 곡에도 한국 근현대사가 고스란히 들어 있다. 커피의 맛처럼 달콤한 사연, 혹은 쓰디쓴 사연이 모여 음악이 되었다. 그러니 커피 한 잔과 함께 듣는 노래 한 곡이 어찌 고맙지 않을까.

제2장
채우다

: 놓칠 수 없는 음반 :

조수미 「향수」

삼성 나이세스라는 레이블로 1994년에 나온 음반 중에 「새야 새야」라는 타이틀의 음반이 있었다. 비록 녹음된 상태는 좋지 않지만 30대 중반의 조수미 목소리가 그대로 들어가 있는 음반이고, 당시에 10만 장 이상 팔렸다. 세월이 지나 저작권 문제가 생기면서 뜬금없는 백자 커버의 음반이 되고 말았지만, 한국 가곡음반사에 한 획을 그은 음반이라 생각한다.

홍혜경 「내가 사랑하는 한국 가곡」

이 음반도 구하기 힘들다. 메트로폴리탄의 디바 홍혜경이 2003년에 발매한 한국 가곡 음반으로, 서울대학교의 김덕기 교수가 지휘한 파리 앙상블 오케스트라가 반주를 맡았다. 개인적인 생각이지만 조수미-홍혜경의 가곡 음반이 미친 가장 큰 영향은 정확하고 깨끗한 발음이라고 생각한다. 이들의 음반이 나오면서 한국 가곡의 발음이 훨씬 명확해졌다.

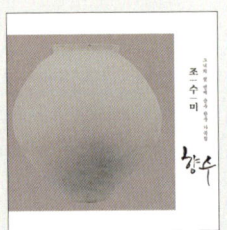

: 유튜브에서 보고 듣기 :

채동선 「고향」 – 조수미

오리지널 버전이라 할 수 있는 정지용 작사의 「고향」은 생각보다 녹음된 것이 적다. 그 이유는 앞에서 설명해놓았다. 다행히 조수미의 가곡 음반에 이 버전이 수록되어 있다. 역시 조수미다.

김동진 「가고파」 – 김우경

유튜브에는 추천할 만한 한국 가곡 영상이 별로 없어서 그나마 영상과 오디오가 괜찮은 가곡 「가고파」의 영상을 추천한다. 과거에 테너 박인수의 노래로 즐겨 듣고는 했는데, 2004년 도밍고 성악 콩쿠르에서 우승했으며 현재 한양대 교수로 있는 테너 김우경의 영상이 아쉬움을 대신한다.

신귀복 「얼굴」 – 나탈리아 아타만추크(Natalia Atamanchuk)

한국 가곡을 외국인이 부르기는 쉽지 않을 텐데 러시아의 소프라노가 2014년 제2회 아리랑 평화음악회에서 이 곡을 불렀다. 발음이나 소리가 흠잡을 데 없어서 놀랐다. 소프라노 아이다 가리풀리나(Aida Garifullina)가 「밀양 아리랑」을 부르는 영상과 함께 권한다.

잡초의 힘, 집시의 생명력
―――――― 인도 로부스타 & 브람스 「헝가리 무곡」

: 　　　　　카페에 자주 오는 단골들을 위해 조금씩 볶아놓고 맛을 보이는 원두들이 있다. 파나마 게이샤, 하와이 코나, 콜롬비아 수단 루메같이 가격대가 높은 원두가 그렇고 인도, 라오스, 콩고같이 이색적인 지방에서 생산된 원두가 들어올 때도 그렇다. 오늘 볶은 세 종류의 인도 커피는 그동안 싸구려라고 무시해왔던 나 자신을 반성하게 했다. 숙성된 향이 이색적인 '인도 몬순 말라바르'와 균형이 좋은 '마이소르 너겟 엑스트라 볼드', 그리고 '로부스타의 여왕'이라 불리는 '카피 로열'의 새로운 맛에 깜짝 놀랐다. 그래서 오늘은 로부스타 이야기를 들려주고 싶다.

: 커피의 두 산맥, 아라비카와 로부스타

로부스타(Robusta)라는 단어는 억세고 튼튼하다라는 뜻을 가지고 있다.

이미지를 표현하자면 힘은 센데 무식하고 촌스러운 마당쇠 같은 느낌이라고나 할까. 로부스타종을 이야기하기 위해서는 커피콩의 가계도를 알아야 한다. 커피는 꼭두서니과 코페아속으로 분류되는 다년생 쌍떡잎식물로 열대성 상록교목이다. 코페아는 다시 아라비카종, 로부스타종, 리베리카종, 엑셀사종으로 나뉘는데, 상업적으로는 아라비카와 로부스타종을 주로 사용한다. 그래서 우리가 마시는 커피의 대부분은 아라비카종 아니면 로부스타종이고, 혹은 그 둘의 혼합으로 이루어진다.

　인류가 처음 발견했다는 에티오피아의 커피는 아라비카종으로 추측된다. 이것이 예멘을 거쳐 아라비아와 유럽으로 전해졌고, 이어 아시아와 남미로 퍼졌다. 아라비카종은 주로 고지대에서 자라며, 향기와 산미가 좋아서 누구나 좋아하는 품종이다. 로부스타종 역시 아프리카가 고향이다. 이 품종은 비교적 저지대에서도 잘 자라고 수확량도 좋지만, 뭐랄까. 향미의 개성이 부족한 편이라 상대적으로 저급한 커피로 인식됐다.

　그러나 로부스타종도 강점이 있다. 카페인 함유량이 많아서 병충해에 강하다는 것이다. 유럽인이 동남아시아 지역에 심은 아라비카종이 병충해와 잎마름병으로 고생하게 되자 아프리카 콩고에서 이 품종의 묘목을 가져와 뿌리를 내리게 했다. 로부스타종은 동남아시아 지역에서도 튼실하게 잘 자랐다. 그래서 원래 이름인 '카네포라'보다 '튼튼하다'는 뜻의 로부스타(Robusta)로 불리게 되었다. 이 품종은 대체로 병충해를 잘 견디며 생산성이 좋은데다 낮은 지역에서 재배되기 때문에 운반비와 인건비 부담도 적었다. 오늘날 동남아시아에서 로부스타 생산량이 많아진 이유가 이 때문이다.

제2장
채우다

그러나 불행히도 커피는 식사가 아닌 기호품에 속한다. 기호품은 싸고 양 많은 것으로 시작해서 점점 비싸고 질 좋은 것으로 이동하는 속성이 있다. 로부스타는 맛과 향의 개성이 떨어진다는 이유로 스페셜티 커피에는 오르지 못하고 대부분 '인스턴트커피'의 재료로 쓰이고 있다.

그런데 이것만으로 로부스타를 싸구려로 평가절하할 수는 없다. 아라비카종도 단점이 많기 때문이다. 아라비카종은 재배하기가 까다롭다. 병충해에만 약한 것이 아니라 온도에도 아주 민감해서 섭씨 15~24도인 지역을 벗어나면 눈에 띄게 약해지거나 죽는다는 약점이 있다. 게다가 '자가수분'으로 번식하기 때문에 다양한 종을 만들지 못하고 유전이 계속될수록 더 약해진다. 역시 좋은 면을 다 갖출 수는 없는 모양이다.

이에 비해 로부스타종은 기온 적응력이 좋고 무엇보다 '타가수분'으로 번식한다는 강점이 있다. 이는 다른 종자와 접붙여서 다양한 종을 만들어낼 수 있다는 것인데, 종의 번식에서는 결정적인 강점이라 할 수 있다. 한 마디로 로부스타는 질긴 '잡초의 힘'을 가지고 있다. 그래서 카티모르, 아라부스타, 데바마치, 이카투, 팀팀과 같이 많은 변종을 만들어낼 수 있었다.

오늘 마시고 있는 인도의 '카우베리'나 '카피 로열'은 로부스타 중에서는 특급으로 꼽히는 원두다. 대부분의 로부스타종이 누룽지탕 같은 구수함에 낙엽 향기가 더해진 정도인 데 비해 이런 로부스타는 단맛과 감칠맛까지 있다. 가장 좋은 것은 아라비카종과 블렌딩해서 에스프레소 머신에 내리면 크레마가 풍부해지는데, 여기에 우유를 보태면 향까지 아주 부드러워져서 카페라테를 만들기에 더없이 좋은 재료가 된다.

: 브람스의 효자상품, 헝가리 무곡

나는 뭐든 같은 것을 반복하는 걸 무척 싫어한다. 내게 가장 큰 형벌이 있다면, 같은 메뉴를 매일 먹이면서 같은 음악을 들려주는 것일 것이다. 상상만 해도 죽을 것 같다. 그런데 나와 달리 단골손님 중에 늘 한 가지 메뉴만 고집하는 두 사람이 있다. 한 분은 오로지 핸드드립 예가체프이고, 한 분은 카페라테다. 오늘도 '미스터 카페라테'가 왔다. 새로운 원두가 있으니 마셔보라 권해보았지만, 여전히 라테를 달라고 한다. 립 서비스일망정 "이 집에서 마시는 카페라테가 최고"라니 기분은 좋다. 그 말이 고마워서 음악을 선물하겠다고 했다. 스크린을 내리면서 무엇을 틀어줄까 생각하는 사이에 아내가 벌써 브람스의 「헝가리 무곡 1번」을 골라놓았다. 아내는 이런 쪽으로 선택이 참 빠르다. 반면 음악평론가인 나는 이것저것을 궁리하다가 엉뚱한 쪽으로 빠지기도 한다. 지난 달에는 스님 여러 명이 와서 음악을 틀어달라고 했는데, 갑자기 그날 강의 준비로 듣고 있던 프리드리히 헨델(Georg, Friedrich Händel, 1685~1759)의 메시아 중에서 「할렐루야 코러스」를 틀고 말았다. "할렐루야~ 할렐루야~" 쩝.

아무튼 브람스 「헝가리 무곡 1번」은 길이가 짧으면서도 강렬해서 누구나 좋아한다. 집시 특유의 멜로디와 빠르고 느린 템포의 대비도 좋다. 게다가 이 강렬한 멜로디를 오케스트라 버전과 두 대의 피아노 버전, 바이올린 독주 버전 등으로 다양하게 들어볼 수 있어서 클래식 초보자가 듣기에 참 좋은 레퍼토리다.

이 곡은 브람스가 20세였던 1853년에 떠난 여행의 기록이자 사진첩이다. 그는 헝가리 출신의 바이올린 연주자 에두아르드 레메니(Eduard

Remenyi, 1828~1898)와 연주 여행을 떠났는데, 그때 레메니가 연주한 집시 선율과 각지에서 들은 집시 음악들을 놓치지 않고 틈틈이 메모해 두었다. 이후 1869년에 그것들을 정리해서 두 대의 피아노를 위한 연주곡 형태로 1집(다섯 곡)과 2집(다섯 곡)을 출판했다.

이 연주곡이 출판될 당시에는 피아노가 보급되기 시작해서 피아노를 배우는 학생과 아마추어 피아니스트들이 점점 늘어나는 시기였다. 이 때문에 악보 수요도 많아져서 재미있고 멋진 피아노곡은 날개 돋친 듯 팔렸다. 브람스의 헝가리 무곡은 당시의 이런 유행에 딱 맞아떨어지는 곡이었다. 그때부터 지금까지 「헝가리 무곡」은 클래식계의 스테디셀러 위치를 놓치지 않고 있다.

그런데 「헝가리 무곡」이 날개 돋친 듯 팔릴 때 화병에 걸린 사람이 있었다. 브람스와 같이 연주 여행을 다니던 바이올리니스트 레메니는 너무나 배가 아팠다. 결국 자신이 연주한 곡을 브람스가 훔쳐 갔다고 고소하기에 이르렀다. 그러나 브람스는 이 곡들을 '작곡'이 아닌 '편곡'이라고 명시해놓았기에 출판사 측이 승소하게 되었다. 악보가 잘 팔리자 신이 난 출판사는 브람스에게 「헝가리 무곡」의 후편을 부탁했고, 브람스는 1880년에 3집과 4집을 추가로 펴냈다. 총 21곡의 「헝가리 무곡」은 이렇게 완성되었다.

: 집시, 영원한 도망자

집시는 원래 인도에서 출발한 종족이다. 8세기경에 무슬림이 인도 북부지역을 침공하면서 인도 북서부에 사는 하층민들은 살아남기 위해 하염없이 서쪽으로 이동하게 됐다. 11세기에는 콘스탄티노플에도 터전

"보헤미안은 아무리 많은 사람들 가운데 있어도 쉽게 눈에 띈다.
그들의 인상착의, 표현법 등으로 확연히 구분되기 때문이다.
짙은 구릿빛 피부 때문에 그들을 흑인이라 부르는 사람도 많았다.
숱이 많은 까만 눈썹은 길게 찢어진 검은 눈에 깊은 음영을 드리운다.
하지만 그들의 신체적 특징보다도 더 강렬한 특징은
맹수와 같은 그들의 눈빛이다."

– 프로스페르 메리메 〈카르멘〉(1845) 중에서

제2장
채우다
·

을 마련하였고, 15세기가 되면 아프리카의 수단과 유럽의 이베리아반도 끝자락까지 발길을 옮겼다. 참으로 질긴 생명력이지 않은가!

　게다가 집시들은 태생적으로 음악적인 재주가 많은 사람이었다. 사실 정처 없는 유랑을 계속해야 했던 집시들에게는 음악이 최고의 위안이었을 것이다. 그들은 한곳에 머물지 못하는 유랑의 아픔과 괴로움을 음악에 쏟아부었다. 그래서 집시들은 악기를 다루고 변용하는 데 천부적인 소질을 보이게 되었다. 특히 음악의 빠르기를 자유자재로 바꾸면서 즉흥으로 연주하는 능력은 '집시풍 음악'의 최대 매력이었다.

　집시의 음악은 기존의 서유럽 음악계에 큰 파장을 가져왔다. 브람스의「헝가리 무곡」뿐 아니라 라벨(Maurice Joseph Ravel, 1875~1937)의「치간느」, 파블로 데 사라사테(Pablo de Sarasate, 1844~1908)의「지고이네르 바이젠」, 리스트의「헝가리 광시곡」같은 명곡이 모두 집시 음악의 영향을 받은 작품이다. 오페라에서도 마찬가지다. 베르디는「일 트로바토레」의 '아주체나'를 통해 집시들의 한을 그려냈고, 비제는 집시「카르멘」을 통해 '팜 파탈'의 전형을 보여주었다. 그리고 푸치니는「라보엠」에서 파리의 보헤미안을 그려내기도 했다.

　인도의 로부스타 커피를 마시며 집시 음악을 듣고 있자니, 세상의 이치는 '상수(常數)와 변수(變數)의 균형'이라는 생각이 든다. 세상에 상수만 존재한다면 정체되어 썩을 것이요, 변수만 존재한다면 어지러워 살 수가 없을 것이다. 커피에서 아라비카가 상수라면 로부스타는 변수의 역할을 한다. 기존의 유럽음악이 상수라면 집시의 음악은 변수였다. 변수를 내장한 씨앗들은 아름답다. 이것을 무시하면 안 된다. 이로 인해 세상이 움직이고 변화하며 앞으로 나아가기 때문이다.

"집시여, 그대 어디서 왔나?
운명의 길 위에 천막을 쳐놓은 채,
집시여, 오, 내 친구 집시여."
– 자르코 조바노비치의 집시 송가 〈젤렘, 젤렘〉에서

제2장
채우다

: 놓칠 수 없는 음반 :

브람스「헝가리 무곡」- 부다페스트 페스티벌오케스트라 / 이반 피셰르(Iván Fischer)

이 음반이 없었다면 아마도 빈필-클라우디오 아바도(Claudio Abbado)의 음반이나 게반트하우스-쿠르트 마주어(Kurt Masur)의 옛 음반을 추천했을 것이다. 모든 면에서 흡족한 음반이다. 브람스는 가난한 체코 출신의 작곡가 안토닌 드보르자크(Antonin Dvorak, 1841~1904)를 많이 도와주었다. 드보르자크에게「헝가리 무곡」과 비슷한 슬라브 무곡을 만들어보라고 충고해준 사람도 브람스였다고 한다. 결과는 대성공이었다. 참고로 드보르자크의「슬라브 무곡」음반도 이반 피셰르 것이 좋다.

브람스「헝가리 무곡」- 듀오 탈 & 그뢰투이젠

브람스 헝가리 무곡은 원래 네 손을 위한 피아노곡이었다. 이스라엘 출신의 피아니스트 야라 탈(Yaara Tal)과 독일 출신의 안드레아스 그뢰투이젠(Andreas Groethuysen)은 1985년부터 지금까지 무려 30년이 넘도록 듀오로 활동하면서 두 대의 피아노로 할 수 있는 곡은 거의 다 녹음했다 해도 과언이 아니다. 믿을 만한 연주다.

: 유튜브에서 보고 듣기 :

브람스 「헝가리 무곡 1번」 – 고텐부르크 심포니 / 구스타보 두다멜(Gustavo Dudamel)

두다멜은 2009년 LA 필하모닉 상임 지휘자로 가기 전에 스웨덴 고텐부르크 심포니를 맡았는데, 그곳에서 엄청난 인기를 끌어 LA로 입성할 수 있었다. 그가 무엇 때문에 인기가 있었는지를 단적으로 보여주는 멋진 영상이다.

리스트 「헝가리 광시곡」 – 발렌티나 리시차(피아노)

리스트는 무려 열일곱 개의 「헝가리 광시곡」을 작곡했다. 그중에서 2번이 가장 유명하다. 이 곡은 심지어 〈톰과 제리〉 만화에도 쓰일 정도로 인기가 좋았다. 리시차의 파워와 테크닉은 가히 '피아노계의 샤라포바'라 불러도 될 정도다.

브람스 「헝가리 무곡 5번」 – 로비 라카토슈(Robert Lakatos, 바이올린)

집시 바이올린계의 전설인 야노슈 비하리(Janos Bihari 1764~1827)의 직계 후손인 로비 라카토슈의 연주를 들으면 집시들의 음악적 재주와 기질을 알 수 있다. 막강한 테크닉과 더불어 음악을 밀고 당기는 자의성, 즉흥 장식으로 가득 찬 집시 본연의 「헝가리 무곡」을 만날 수 있다.

천사와 악마 사이의 커피
───────── 커피 수난사 & 존 레논 「이매진」

: 　　　　　아침에 어떤 여자 손님이 들어와서 커피 생두를 좀 살 수 있냐고 물었다. 나는 당연히 "집에서 로스팅하시나봐요?"라고 했는데 돌아온 대답이 그게 아니었다. "아뇨, 다이어트용으로 쓰려고요." 난 밥 대신 커피를 마시는 건가 하고 머리를 갸우뚱했다. 그러자 "모르세요? 커피 생두를 갈아서 먹으면 살이 쏙 빠진대요. 요즘 유행이에요"라고 하는 게 아닌가.

　커피로스터 생활 18년 만에 처음 듣는 소리라서 무엇에 근거한 것인지 자료를 찾아봤다. 2012년에 미국의 메메트 오즈(Mehmet Oz)라는 심장외과 의사가 이를 처음 언급했다는 내용과 커피 속의 클로로겐산이 혈당을 낮추고 지방을 연소를 시킨다는 학술적 이야기가 적혀 있었다. 거기에 데미 무어(Demi Moore)나 제니퍼 로페스(Jennifer Lopez) 같은 할리우드 스타들이 이런 방법으로 다이어트를 하고 있다는 스타 마케팅과 함께 체험담들이 주르륵 올라왔다.

 그 글들을 보는 순간 든 생각은 한 마디로 "아이고, 또 시작이구나"였다. 가뜩이나 얼마 전에 '커피 관장이 최고의 해독 다이어트'라는 이야기를 듣고 황당했는데, 이번에는 또 새로운 방법으로 여성들의 평생 고민을 저격한 것이다. 역시 정력과 미용은 장사꾼의 영원한 꿀단지다.

: 악마의 음료와 만병통치약 사이

커피는 이슬람 지역에서 인기를 끌게 된 1500년경부터 신과 악마 사이를 왔다갔다 했다. 커피 성분에 잠을 쫓는 효과가 있어서 밤을 휴식 시간으로 정한 『코란』에 어긋난다는 논리와, 잠을 쫓기 때문에 더 열심히 정진할 수 있다는 논리가 엎치락뒤치락하며 싸웠다. 삼삼오오 모여서 커피를 마시는 동안 불온한 사상이 전파된다는 이유로 1511년 메카의 총독 카이르 베그(Khair Beg)는 커피 금지령까지 내렸다. 그러나 이집트 카이로의 군주가 이를 거부해서 금지령이 철회되었고, 나중에 메카 총독은 오히려 사형을 당했다. 오스만제국의 제17대 술탄인 무라드 4세(Murad IV, 1612~1640) 때는 훨씬 강력한 금지령이 내려졌다. 커피와 담배를 즐기는 사람은 손과 발이 잘리는 형벌을 받기도 했다. 물론 이 끔찍한 형벌도 오래가지는 못했다.

 커피가 유럽에 전파될 때도 많은 시련이 있었다. 죄명은 '이교도가 즐기는 음식'이라는 것이었다. 로마의 종교계 기득권층은 이 검은 액체를 마시는 순간 악마에게 영혼을 빼앗긴다고 대중을 선동하면서 교황 클레멘테 8세(Clemente Ⅷ)에게 악마의 음료 금지령을 청원했다. 그러나 커피를 맛본 교황은 오히려 그 맛에 반해버리고 말았다. 고심하던 교황의 해결책은 이랬다. "이교도의 것이지만 내가 세례를 주어 깨끗하게 하리니 이후부턴 마셔도 좋다." 지금의 기준으로 보면 아주 유치하게 보이는 행위이지만, 당시에는 절대 권력자였던 교황의 이런 의식이 통했다. 세례를 받은 커피는 그때부터 유럽에서 본격적으로 퍼지기 시작했다.

그러나 이후에도 커피는 극과 극을 오가는 대우를 받았다. 커피는 잠을 설치게 만드는 효력 때문에 여러 곳에서 '정력제'로 대접받아왔다. 그러나 커피하우스가 유행하면서 다른 문제가 발생했다. 남자들이 커피하우스에 모여 시간을 많이 보내니 자연히 집에 있는 시간이 적어지고 아내에게 소홀해진 것이다. 요즘과는 정반대의 풍경이지만, 당시에 카페는 남성들이 점령했었다. 이 때문에 1674년에는 역사상 처음으로 커피를 둘러싼 성별 대립이 일어났다. 런던 여성단체가 제출한 「탄원서」의 제목은 다음과 같았다. 「커피에 반대하는 여성들의 탄원 – 남성의 활력을 저하시키는 과도한 커피 음용으로 부부 관계에 문제가 생기고 있음을 알리기 위한 탄원서」. 그런데 이에 맞서 남성들도 커피를 옹호하는 「성명서」를 발표하는 등 영국 사회는 커피의 성적인 효과를 둘러싸고 격론이 벌어지는 해프닝까지 생겼다.

이듬해인 1675년에는 사람들이 커피하우스에 모여 떠들어대는 것을 불안하게 여기던 찰스 2세(Charles II)가 이때다, 하고 커피 금지령을 내렸다. 사실 이 금지령은 커피에 대한 것이 아니라 카페라는 공간에 대한 것이었다. 당시 커피하우스는 지식인이 모이는 사랑방이어서 그곳에 모여 철학과 문학, 정치에 대해 자유롭게 토론하고 정보를 얻기도 했다. 모든 권력자는 사람들이 모여 토론하는 것을 싫어한다. 그래서 국왕은 못마땅했던 커피하우스를 금지해버렸지만 시민들의 반발이 너무 거세지자 11일 만에 철회하고 만다.

: 비틀스, 그 위험한 음악 세계

유명해지면 그만큼 박해도 거세진다. 사람들을 모이게 한다는 이유로 커피와 커피하우스가 박해를 받았던 것처럼 사람들의 마음을 동요시킨다는 이유로 금지된 곡도 있다. 모차르트가 한번 듣고 베꼈다는 그레고리오 알레그리(Gregorio Allegri, 1582~1652)의 「미제레레」는 너무 아름다워서 평정심을 깨뜨린다는 말도 안 되는 이유로 금지된 적이 있다. 그리고 장 시벨리우스(Jean Sibelius, 1865~1957)의 「핀란디아」는 애국심을 고취한다는 이유로 러시아에 의해 금지곡 처분을 받았다. 그 유명한 프랑스 국가 「라 마르세예즈」도 나폴레옹 시대에는 금지곡이었다. 이후 나치 시대에는 유대인 작곡가들이 대대적으로 핍박당했고, 러시아 공산주의하에서는 드미트리 쇼스타코비치(Dmitrii Shostakovich, 1906~1975)의 곡을 비롯한 숱한 음악이 사상 검증에 걸려 탄압을 받았다. 물론 우리나라 군사정권 당시의 황당하기 그지없는 금지곡 사유도 만만찮은 이야깃거리다.

"팝 음악의 역사는 비틀스 등장 이전과 이후로 나뉜다"고 음악평론가들은 말한다. 비틀스가 활동한 기간의 미국은 제2차 세계대전이 끝나면서 미국의 힘이 급속히 커지던 때였다. 텔레비전과 자가용으로 상징되는 '팍스 아메리카나'가 막 시작되는 때였지만, 다른 한편으로 보면 산업 사회의 모순과 자유 경쟁의 피곤함이 시작되는 시기이기도 했다.

먹고살기가 조금 편해지면서 이전과는 다른 세대 갈등이 나타났다. 페티 페이지(Patti Page, 1927~2013)나 프랭크 시나트라(Frank Sinatra, 1915~1998)의 음악을 듣던 구세대와 엘비스 프레슬리(Elvis Presley, 1935~1977), 빌 헤일리(Bill Haley, 1925~1981)에 열광하는 '록의 신도' 간의 갈등이 시작된 것이다. 비틀스는 때맞춰 이 새로운 무리의 문화를 대변하고 이끌어나가기 시작했다. 비틀스의 인기가 치솟기 시작하자 역사상 한번도 주류에 올라보지 못했던 10대들이 주류 문화를 형성하게 되었다.

애송이라 생각되는 10대가 주류를 이룬 문화를 그냥 두고 볼 기성세대는 없다. 결국 비틀스의 많은 음악이 금지곡이 되고 만다. 선정적이라는 이유가 가장 많았고, 마약을 조장한다는 이유도 갖다 붙였다. 거기에 존 레논(John Lennon, 1940~1980)의 "비틀스가 예수보다 유명하다"는 발언 때문에 개신교 단체에서 비틀스의 음반 불매운동을 벌이고 KKK단이 살해 협박을 하기도 했다. 선정적이고 마약을 조장한다는 이유 외에도 국가를 위태롭게 한다며 금지한 곡도 많았다.

레논은 1969년에 영국이 비아프라와 나이지리아 내전에 참전하고 베트남 전쟁 지지를 선언하자 엘리자베스 여왕에게서 받은 국가 훈장을 반납해버리기까지 했다. 더욱이 '러브&피스'로 유명한 그의 평화 운동은 베트남 전쟁을 벌이던 미국 보수 우파의 심기를 매우 불편하게 만들었다. 언제 들어도 가슴이 울리는 명곡 「이매진」은 이러한 상황 속에서 만들어진 평화의 메시지 같은 노래다.

레논의 두 번째 정규 앨범으로 발매된 이 노래는 1971년에 미국과 영국의 음악 차트에 모두 1위로 올랐다. 「롤링스톤」지가 선정한 '역사상 가장 위대한 노래 500곡' 목록에서 3위를 차지했으며, 나중에 그래미상 명예의 전당과 로큰롤 명예의 전당에도 올랐다. 그런데도 1990년 걸프전 당시 이 곡은 금지곡이었다. 왜냐하면 이만큼 부르기 쉽고 단순하면서도 가슴을 움직이는 철학적 반전 노래는 없기 때문이다.

1절에서 레논은 이렇게 노래한다.

"천국이 따로 없는 세상을 상상해보세요. 당신이 노력만 하면 어렵지 않아요. 그러면 지옥도 없어질 것이고 우리 위에는 오직 하늘만 남게 되죠. 상상해보세요. 모든 사람들이 오늘을 위해 살아가는 것을."

이 가사는 천국이 있는 곳에 지옥이 있고, 천사와 악마는 상대적 개념이라는 매우 심오한 기반을 갖고 있다.

그리고 2절에선 국경이 없는 세상, 누구를 죽이거나 누굴 위해 죽을 필요 없는 세상을 꿈꾼다. 3절이 되면 소유가 없는 세상으로까지 상상력을 더해간다. 그리고 후렴에서 그는 이렇게 말한다.

"나를 몽상가라고 부를지 모르지만 나는 혼자가 아닙니다. 언젠가 당신도 우리와 함께하길 원해요. 그러면 세상이 하나가 될 거예요."

레논은 '위대한 몽상가'였고 「이매진」은 이후 평화를 염원하는 모든 몽상가를 위한 선언문이 되었다.

: 같이 꾸는 꿈은 현실이 된다

대도시에 사는 사람에게는 한갓진 시골 마을에서 작은 카페를 한다는 게 무척 낭만적으로 보이겠지만, 세상살이가 다 그렇듯 이 생활에도 좋은 면만 있는 것은 아니다. 씁쓸하고, 황당하고, 답답한 일이 수시로 발생한다. 서울이라면 어림도 없을 일이 시골이라는 이유로 버젓이 통하기도 한다. 어제 〈불금 클래식〉 시간 마지막 곡으로 손님들에게 「이매진」을 틀어주었다. 언제 들어도 가슴 울리는 이 노래의 가사가 씁쓸하고, 황당하고, 답답한 일상을 살아내는 우리를 치유하리라 믿는다.

"혼자서 꾸는 꿈은 단지 꿈에 불과하다.
그러나 더불어 꿈을 꾸면 현실이 된다!"
"A dream you dream alone is only a dream,
But a dream you dream together is reality!"

레논이 한 말이다.

"천국이 따로 없는 세상을 상상해보세요.
당신이 노력만 하면 어렵지 않아요.
그러면 지옥도 없어질 것이고 우리 위에는 오직 하늘만 남게 되죠."

제2장
채우다

: 놓칠 수 없는 음반 :

존 레논 「Imagine」

1971년 발매한 것으로 「The Plastic Ono Band」에 이어 두 번째로 발표한 레논의 솔로 음반이다. 「이매진」과 함께 수록된 「Oh, my love」 등 여기서부터 '러브&피스' 운동의 냄새가 나기 시작한다.

비틀스 「Abbey Road」

1969년에 나온 비틀스 마지막 정규 앨범이자 내가 가장 좋아하는 앨범이다. 비틀스 멤버가 EMI 스튜디오 앞의 도로를 건너는 사진이 실린 앨범으로 수많은 패러디 사진을 만들어냈다. 「Come Together」 「Oh, darling」이 여기에 실려 있고, 무엇보다도 조지 해리슨(George Harrison, 1943~2001)의 곡 「Something」과 「Here Comes the Sun」이 들어 있다.

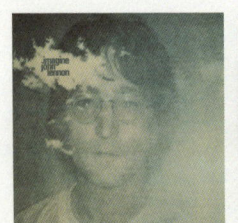 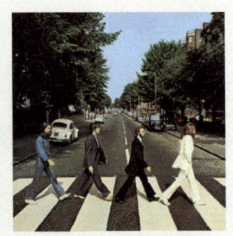

: 유튜브에서 보고 듣기 :

「Imagine」 - 변화를 위한 연주(Playing for change)

거리의 악사들을 중심으로 세계 각국의 아마추어 연주자들이 같은 곡을 연주하는 것을 녹음해서 편집해놓았다. 원래 길거리 음악가들이 「Standby me」를 부르는 걸 녹음하면서 시작된 프로젝트였는데, 계속 커나가서 음악학교와 재단까지 만들게 되었다고 한다.

레논-이매진

「Yesterday」 - 아나 비도비치(Ana Vidovic, 기타)

수천 개의 편곡 버전이 있는 불후의 명곡이다. 크로아티아 출신 기타리스트 비도비치의 연주로 듣는 비틀스의 「Yesterday」는 적적한 맛이 있다. 일본의 현대작곡가 도루 다케미쓰(Takemitsu Toru, 1930~1996)의 편곡이다.

비틀스-예스터데이

「Come Together」 - 에벤 4중주단

고전부터 현대음악까지 거침없이 연주하는 에벤 4중주단이 비틀스 곡을 4중주곡으로 재해석했다. 이렇게 들어보면 「Come Together」는 그야말로 우리 시대의 고전이다.

비틀스-컴투게더

어느 날 문득 다가오는 것들
―――――――― 핸드드립 & 슈베르트 「현악 5중주」

:   카페나 음식점에서 손님들이 습관처럼 하는 말 중에 불필요하다고 생각하는 말이 있다. 그것은 "맛있게 주세요"와 "빨리 주세요"다. '오늘은 특별히 맛없게 내놓고야 말리라!'는 심보를 가진 주인장이 아니고서야 모든 주인은 그들이 할 수 있는 범위 내에서 최대한 맛있게 만들려고 한다. 그리고 아무리 다그쳐봐야 모든 요리는 조리법에 따른 기본 시간을 지켜야만 제대로 완성된다. 그러니 두 가지 말은 하나 마나 한 이야기다.

　카페에 있으면 가끔 성격 급한 손님을 만난다. 여기가 대도시의 테이크아웃 전문점이라면 그렇겠거니 하겠지만, 내 카페는 통도사가 있는 한적한 시골에 있다. 핸드드립 내리는 데 드는 시간은 고작해야 3분이고 원두를 갈고 잔을 데우고 서빙하는 것까지 모두 합해도 5분 정도이며, 먼저 주문한 손님이 있다고 해도 10분이면 마실 수 있다. 힐링과 슬로 라이프를 실천하고 싶다며 절에서 산책하고 점심 공양까지 마치고 와서는 안쓰럽게도 '빨리빨리'를 외친다.

: 예술은 에둘러 가는 것

커피든 음악이든 제대로 즐기려면 시간이 필요하다. 커피는 생두 종류도 많고 볶는 방식도 다양하지만, 원두를 추출하는 방식도 여러 가지다. 이론적으로 간단히 정리하자면 다음과 같다. 1)끓임 방식(Boiling): 가장 오래된 방식으로 터키의 이브릭 방식이 있다. 2)여과추출 방식(Drip Filtration): 가장 널리 쓰는 방식으로 전기식 커피 메이커, 핸드드립, 베트남에서 커피를 내릴 때 사용하는 핀(Phin) 등이 모두 이에 속한다. 3)가압여과 추출 방식(Pressurized Infusion): 에스프레소 머신, 모카포트 등이 이 방식에 해당한다. 이 밖에도 퍼콜레이터를 이용한 반복여과 방식(Percolating), 프렌치 프레스를 이용한 우려내기 방식(Steeping), 사이펀을 이용한 진공여과 추출 방식(Vacuum Filtration) 등이 있지만, 맨 위의 세 종류가 가장 많이 사용된다. 어떤 방식이 가장 좋은 거냐고 묻거나 가장 맛있냐는 질문은 사양한다. 정답이 없기 때문이다.

이 중에서 속도로만 따진다면 에스프레소 머신이 가장 빠르다. 에스프레소라는 말 자체가 '빠르다'는 뜻이다. 장비 가격도 가장 비싸다. 그러나 빠르고 비싼 것이라 해서 반드시 가장 좋은 것은 아니다. 같은 원두를 쓰더라도 에스프레소 머신으로 내린 커피와 핸드드립으로 내린 커피는 맛과 향이 전혀 다르다. 각설탕 한 개를 넣은 에스프레소 원 샷의 진한 맛은 감탄스럽다. 마치 혀에다 커피로 도장을 찍은 것 같다고나 할까. 그만큼 뒷맛이 강렬하다. 에스프레소에 스팀 우유를 넣은 두

클래식은 '기다림의 미학'이 있다.
기다릴 줄 알아야 맛있는 음식을 먹을 수 있듯이
클래식도 기다릴 줄 알아야 들린다.
그런데 한 번 기다렸다고 내 것이 되는 것도 아니다.
어떤 곡은 몇 번이고 들어봐야 진가를 알 수 있다.

제2장
채우다

텁고 부드러운 질감의 커피도 멋지다. 그러나 핸드드립으로 내린 싱글 오리진 커피는 또 다른 신세계를 보여준다. 에스프레소 베리에이션이 서양의 유화라면 핸드드립은 동양의 수묵화 같은 느낌이다. 나는 특히 아침에 마시는 첫 커피는 항상 핸드드립식으로 내려서 마신다. 원두를 그라인더에 갈 때와 드립으로 내릴 때의 향기, 그 향기와 함께 내려오는 가는 커피 줄기와 나누는 무언의 대화, 그건 핸드드립의 고유 영역이라 생각한다.

오래전 술자리에서 연극을 하는 오태석 선생이 한 말이 생각난다. "예술이란 무엇인가?"라는 질문에 오 선생은 "에둘러 가는 것"이라고 했다. 광화문에서 동대문까지 가는 방법을 최단 직선 길로 가는 것이 아니라, 사람 구경도 하며 뒷골목 풍경도 눈에 담으면서 에둘러 가는 것. 그것이 예술의 심장이라고 했다.

백 번 옳은 말이다. 실용성과 가성비, 극대화와 실적주의 등의 잣대만 들이대면 문화나 예술이 설 자리는 없다. 그런 말은 '천 삽 뜨기 운동' 같은 곳에서나 쓰는 말이다. 그런 기준으로 건물을 지으면 공간대비 최대 수용을 바라는 직사각형 콘크리트 건물만 짓게 될 것이다. 장식이나 여백도 필요 없고, 꽃이나 나무를 심을 공간과 휴식을 취할 정원도 들어설 이유가 없어진다.

내친김에 말하자면 민주주의라는 이념도 마찬가지다. 사실 민주주의라는 제도는 무척 불편한 이념이다. 다양성이라는 귀찮음과 느린 속도를 감수해야 하기 때문이다. 한번에 결정짓고 모두 같은 걸음으로 뛰게 하려면 독재가 훨씬 효과적이다. 그런데도 우리가 민주주의를 뜨겁게 부르짖는 것은 왜인지 깊이 생각해보아야 한다.

대중가요가 대개 5분 미만의 곡인 데 비해 클래식 음악에서는 감상 시간이라는 개념이 완전히 다르다. 5분이 아니라 50분이 지나도 끝나지 않는 곡이 수두룩하다. 그래서 나는 강의를 시작하기 전에 "클래식은 엉덩이로 듣는 것"이라고 말하며 휴대폰을 끄고 느긋하게 들으시라 당부한다. 엉덩이를 붙이고 시간을 들여 귀를 기울일 줄 알아야 클래식 음악이 제대로 귀에 들어오기 때문이다.

　그런 점에서 클래식은 '기다림의 미학'이 있다. 기다릴 줄 알아야 맛있는 음식을 먹을 수 있듯이 클래식도 기다릴 줄 알아야 들린다. 그런데 한 번 기다렸다고 내 것이 되는 것도 아니다. 어떤 곡은 몇 번이고 들어봐야 진가를 알 수 있다.

　그건 사람 관계도 마찬가지인 것 같다. 처음 만나자마자 정들어버리는 친구가 얼마나 되겠는가. 모름지기 친구란 시간의 시험대를 거쳐야 진가를 알 수 있는 것 아니던가. 음악도 마찬가지다. 5분이 지나도, 50분이 지나도 음악이 전혀 내 마음을 움직이지 못할 수도 있다. '타고난 음악적 천재성'이 없는 한, 음악의 친밀도는 당신이 할애한 시간과 비례한다.

: 클래식은 엉덩이로 듣는다

어제 볶은 에티오피아 게이샤를 핸드드립으로 내려놓고 오늘의 음악으로 슈베르트의 「현악 5중주」를 골랐다. 원두계에서 최고의 귀족층에 해당하는 '파나마 에스메랄다 게이샤'는 원래 에티오피아 게챠(Gecha) 지역에서 처음 재배됐다. 그런데 게이샤가 처음 에티오피아 지역에서 재배될 때는 그 가치를 제대로 인정받지 못했다. 이후 파나마로 건너가 새 토양에서 꽃을 피우더니 세계 커피 콘테스트에서 상을 휩쓸기 시작했다. 지금은 코스타리카와 콜롬비아에서도 경쟁적으로 게이샤를 생산하기 시작했고 결국 고향인 에티오피아에서도 다시 생산하게 되었는데 아직 파나마에서 재배된 원두의 품질에는 미치지 못한다. 그렇지만 게이샤 특유의 밝은 맛과 향기는 느낄 수 있어서 '주머니 가벼운 자의 게이샤'라고 할 수 있다.

에티오피아 게이샤를 마시며 슈베르트의 「현악 5중주」 음반에 손이 가는 데는 이유가 있다. 슈베르트는 지나칠 정도로 주머니가 가벼운 음악가였다. 그리고 31세에 일찍 세상을 떠났다. 요절했다는 모차르트보다도 4년이나 먼저 갔다. 그의 마지막 실내악곡인 「현악 5중주 C장조 D.956」은 1828년 9월경에 작곡했다. 그렇다면 슈베르트가 세상을 떠나기 불과 두 달 전에 쓴 작품인 것이다. 일반적인 현악 5중주가 바이올린 두 대, 비올라 두 대, 첼로 한 대로 구성되는데, 이 곡은 비올라 한 대에 첼로 두 대를 넣어 저음의 깊이를 더했다.

수많은 슈베르트의 곡이 그랬던 것처럼, 이 곡도 슈베르트가 살아 있을 때는 연주되지 못했을 뿐 아니라 자필 악보마저 분실되었다. 초연 또한 그가 죽고 난 지 20년도 더 지난, 1850년에 와서야 이루어졌다. 그가 살아 있을 때 그의 가치를 알고 인정해준 사람은 극소수에 불과했다. 그는 삶의 마지막 순간까지 음악과 문학의 끈을 붙잡고 있었다. 그가 죽기 1주일 전에 친구 프란츠 쇼버에게 쓴 「편지」를 보자. '눈물겹다'라는 표현은 이런 경우에 쓰는 말인 것 같다.

쇼버에게,

몸이 안 좋네. 11일 동안 아무것도 못 먹었고 마시지도 못했네. 비틀거리며 의자와 침대를 오가는 신세야. 리나가 옆에서 나를 돌보고 있지만 뭐라도 먹으면 금방 토할 것 같아. 절망스러운 이 상황에서 문학으로 나를 도와주지 않겠나? 쿠퍼의 소설 중에서 『모히칸 족의 최후』 『스파이』 『키잡이』 『개척자들』을 읽었는데, 혹시 이것 말고 다른 그의 소설이 있으면 커피하우스의 폰 보그너 부인한테 맡겨놓지 않겠나? 양심적인 내 형이 틀림없이 나에게 전달해줄 것이네. 어떤 책이든 괜찮네.

―다정한 친구 슈베르트로부터

: 어느 날, 음악이 내게로 온다

이 곡을 처음 들은 것은 대학교 2학년 때였다. 마음이 심란하고 분주해서였을까? 아님 좀 더 화려한 곡이 필요한 시절이었기 때문일까? 실내악 한 곡으로 50분을 버틸 수 있는 귀가 그때는 열리지 않았다. 이 곡이 내게 손을 건넨 것은 오히려 군대 시절이었다. 대학원 마지막 학기를 포기하고 군대에 가게 된 나는 첫 휴가를 나와서 혼자 대학 교정을 걸었다. 그리고 자주 다니던 선술집에서 술 한 잔을 마시면서 황량한 내 신세를 복기해보려 했지만, 뜻대로 되지 않았다. 그래서 자리를 옮겨 고전 음악 감상실 '올리버'로 가서 커피와 함께 바흐의 「골드베르크 변주곡」과 이 곡, 슈베르트의 「현악 5중주」를 신청했다.

시간이란 얼마나 상대적인지. 그 짧은 첫 휴가의 틈바구니에서 나는 아무것도 할 수 있는 게 없었고 시간은 그냥 내팽개쳐진 채 흐르고 있었다. 이윽고 그 적적한 2악장의 첼로 피치카토가 흘러나왔다. 루빈스타인이 자신의 장례식 때 틀어달라고 했다는 바로 그 부분, 긴 겨울밤에 작은 난로 하나 켜두고 하염없이 창밖을 바라보며 듣고 싶은 그 부분. 그때 나는 비로소 슈베르트의 눈물과 마주하게 되었다. 음악이란, 그리고 시간이란, 그런 식으로 스르르 만나기도 한다.

"그러니까 그 나이였어……. 시가
나를 찾아왔어. 몰라, 그게 어디서 왔는지,
모르겠어, 겨울에서인지 강에서인지,
언제 어떻게 왔는지 모르겠어,
아냐, 그건 목소리가 아니었고, 말도
아니었으며, 침묵도 아니었어,
하여간 어떤 길거리에서 나를 부르더군,
밤의 가지에서,
갑자기 다른 것들로부터,
격렬한 불 속에서 불렀어,
또는 혼자 돌아오는데,
그렇게, 얼굴 없이
그건 나를 건드리더군……."

―파블로 네루다, 「시」 중에서 (정현종 옮김)

"음악이 여기에 소중한 보물과
그보다 더 소중한 희망을 파묻다."
— 프란츠 그릴파르처(Franz Grillparzer)가 쓴 슈베르트의 묘비명

제2장
채우다

: 놓칠 수 없는 음반 :

슈베르트 「현악 5중주 C장조 D.956」 – 멜로스 4중주단, 므스티슬라프 로스트로포비치(Mstislav Rostropovich, 첼로)

보통의 현악 5중주는 바이올린 두 대와 비올라 두 대, 첼로 한 대를 배치하는 데 비해, 슈베르트는 이 곡에서 비올라 한 대와 첼로를 두 대를 배치해놓았다. 이 곡의 심장은 2악장에 있다고 생각한다. 너무 울어서도 안 되고, 그렇다고 너무 초연해서도 안 된다. 긴장을 유지한 채 풀었다 당겼다 하는 연주가 필요하다. 에머슨 4중주단의 섬세하면서도 깔끔한 연주에 로스트로포비치의 관록이 더해진 이 음반은 슈베르트 현악 5중주에 대한 최고의 해석 중 하나다.

슈베르트 「피아노 5중주 A장조 D.667 '송어'」 – 클리블랜드 4중주단, 알프레드 브렌델(Alfred Brendel, 피아노)

같은 슈베르트의 5중주이지만 이렇게나 분위기가 다를 수 있다는 것을 알기 위해 비교급으로 들어보길 권한다. 대부분 피아노 5중주는 바이올린 두 대, 비올라, 첼로, 피아노의 편성이지만, 이 곡에는 제2바이올린 대신 베이스를 배치했다. 4악장의 테마와 변주가 워낙 유명해서 수많은 음반이 나와 있다. 브렌델의 피아노와 클리블랜드 4중주단이 만나서 이루어내는 약동감은 눈부시다.

: 유튜브에서 보고 듣기 :

슈베르트 「현악 5중주 2악장」 – 보로딘 4중주단, 알렉산더 부즐로프 (Alexander Buzlov, 첼로)

유튜브에서 슈베르트 「현악 5중주」를 검색하다보면 이 곡의 영상물을 생각보다 많이 발견할 수 있다. 그만큼 인기 있는 곡이라는 증거일 것이다. 그중에서도 보로딘 4중주단의 영상은 모든 면에서 최고라 할 수 있다.

슈베르트-오중주

슈베르트 「피아노 5중주 '송어'」 – 다니엘 바렌보임, 자클린 마리 뒤 프레 (Jacqueline Mary Du Pre) 외

무려 1969년 퀸 엘리자베스홀에서 펼쳐진 실황 영상이다. 이차크 펄만(Itzhak Perlman)의 바이올린, 핀커스 주커만(Pinchas Zukerman)의 비올라, 그리고 나중에 지휘자로 유명해지는 주빈 메타(Zubin Mehta)가 더블 베이스를 맡았다. 이 연주를 한 다음 해에 바렌보임과 뒤 프레는 세기의 결혼식을 올렸지만, 뒤 프레의 병으로 행복한 시간은 오래가지 못했다. '기쁜 우리 젊은 날'의 눈물겨운 영상물이다.

슈베르트-송어오중주

슈베르트 「피아노 트리오 '노투르노'」 – 트리오 메디치

이 곡은 슈베르트 실내악곡의 숨은 보석 중 하나이며, 정서적으로도 「현악 5중주」의 2악장과 맞닿아 있다. 쓸쓸하기 그지없는 슈베르트의 명곡이다.

슈베르트-트리오

커피에서 느끼는 변주의 미학
―――― 인도네시아 만델링 & 바흐 「골드베르크 변주곡」

: 계절의 변화는 여인들의 옷에서 온다고 하더니 나뭇잎의 색깔이 변하는 것처럼 여인들의 옷도 달라졌다. 아내는 계절이 바뀔 때마다 옷장을 열고선 이렇게 말한다. "어, 작년엔 뭘 입고 살았지?" 옷장 안에 옷이 한가득인데 입을 옷이 없다니……. 이런 말을 들으면 '내가 뭐 잘못한 거 아닌가?' 하는 불안감이 엄습해온다. 옷을 사준다고 맞장구쳐야 하나 눈치를 보고 있는데, 아내가 퉁명스럽게 덧붙인다. "옷 사달라는 말 아니에요." 오, 이 말을 곧이곧대로 믿을 것인가 말 것인가.

10월 중반인데 벌써 아침저녁으로 바람이 쌀쌀해졌다. 에어컨 가동을 멈춘 지가 언젠데 벌써 난방할 준비를 해야 한다. 춥거나 덥거나 둘 중 하나가 되어버린 날씨 때문에 가을은 그저 감사하고 고마운 계절이 되었다. 가을 냄새가 물씬 풍기는 이맘때가 되면 어김없이 인도네시아

한때는 모든 커피가 '모카'로 불리던 때가 있었는가 하면,
모든 커피가 '자바'라 불린 적도 있다.
아직도 인스턴트커피의 브랜드를 보면
모카나 자바라는 단어를 많이 사용하고 있는 것을 볼 수 있다.

만델링 커피가 생각난다. 중강배전으로 볶은 만델링은 묵직한 질감과 함께 기분 좋은 흙냄새에 약간의 과일 향이 섞여 있다. 참 오묘한 맛이다. 마치 낙엽 쌓인 산길을 홀로 걸을 때 소박하게 퍼지는 숲의 향기를 연상시킨다.

: 만델링, 늦가을의 상징

만델링 커피는 인도네시아 수마트라 지역에서 생산된다. 수마트라에서는 커피 열매를 다른 지역과는 다른 방법으로 가공한다. 인도네시아어로 '길링바사'라는 습식탈곡 방식인데, 이렇게 가공하면 산미는 줄어들고 무게감은 늘어난다. 유난히 푸른색을 띠는 생두 색깔과 흙내음 비슷한 고유의 발효 향도 그 과정에서 생긴다.

그러나 인도네시아 커피의 특징을 만델링 하나로 설명해서는 안 된다. 인도네시아는 반쪽짜리 한반도에 사는 우리의 상상을 훨씬 뛰어넘는 거대하고 복잡한 세계다. 우선 수마트라섬, 자바섬, 칼리만탄섬, 술라웨시섬, 파푸아섬이라는 다섯 개의 큰 섬에다 누사퉁가라 열도, 말루쿠제도를 합해 모두 1만 7,000개의 섬으로 이루어진 나라다. 맙소사! 이 속에 2억 6,000만 명을 헤아리는 인구가 살고 있다. 가장 많은 자바족을 비롯하여 순다족, 마두라족, 토라자족, 부기스족, 발리족 등 300여 종족이나 살고 있다고 한다. 게다가 인도네시아는 세계 5위권 내에 드는 커피 생산국이다. 그러니 만델링 말고도 얼마나 다양한 커피가 존재하겠는가?

한때는 모든 커피가 '모카'로 불리던 때가 있었는가 하면, 모든 커피가 '자바'라 불린 적도 있다. 아직도 인스턴트커피의 브랜드를 보면 모카나 자바라는 단어를 많이 사용하고 있는 것을 볼 수 있다. 모카는 예멘의 모카 항구를 통해 수출되던 커피를 말하며, 자바는 인도네시아 자바섬을 통해 피진 커피를 말한다. 잠시 커피의 역사를 이야기하자면, 아라비아인들이 에티오피아에서 자생하던 커피나무를 예멘으로 들여와 재배한 것이 대략 525년경이었다. 이후 커피는 아라비아 상인들의 단골 수출품이 되었고, 물량 대부분이 예멘의 모카 항구를 통해 나갔기 때문에 모카는 커피의 대명사가 된 것이다.

상술이 뛰어난 아라비아 상인들은 커피를 독점하기 위해 부단히 노력했지만, 이 진귀한 맛을 노리는 유럽인들의 욕심을 계속 막아낼 수는 없었다. 결국 예멘에서 커피 묘목을 빼낸 상술 좋은 유럽인들이 그들의 식민지에서 커피를 재배하려 안간힘을 썼다. 그중 네덜란드가 아시아에 진출하면서 그들의 식민지인 인도네시아 자바섬에 커피 묘목을 이식한 것이 1696년이었다. 묘목을 심은 지 얼마 지나지 않아 커피 재배는 성공을 거두었고, 네덜란드 동인도 국영 무역회사는 자바의 커피를 유럽으로 수출하기 시작했다. 그때부터 '자바의 시대'가 열렸다. 맨하탄 트랜스퍼(Manhattan Transfer)가 부른 「자바 자이브(*Java Jive*)」라는 노래의 가사처럼 아직도 곳곳에서 '자바'라는 말은 커피를 의미하는 단어로 쓰인다.

인도네시아의 커피는 너무나 다양해서 특징을 한마디로 딱 잘라 말할 수 없다. 그래도 우리에게 많이 알려진 수마트라 커피가 가장 친근한 편이다. 수마트라는 인도네시아에서 가장 큰 섬이며, 커피가 가장 많이 생산되는 지역이다. 1888년경부터 커피 농장이 생기기 시작해 지금은 막강한 커피 생산기지가 되었다. 묵직한 맛을 내는 린통, 만델링과 그보다 산뜻한 맛을 내는 가요 마운틴의 커피가 모두 수마트라산이다. 그에 비해 술라웨시섬의 토라자 커피는 맛과 향의 균형이 좋고 깔끔하다. 휴양지로 유명한 발리의 부드러운 커피와 코모도 도마뱀으로 유명한 플로레스 지역의 향긋한 커피도 있다. 예전에 자바에서 생산된다는 '올드 브라운'이라는 숙성 커피를 맛본 적 있는데 그 특별한 향미에 놀랐다. 그리고 고양이 똥 커피라 불리는 '코피 루왁'도 인도네시아에서 생산된다.

: 세상은 동일성과 다양성의 변주

인도네시아의 만델링과 라수나를 마시면서 커피 세계가 얼마나 넓고 다양한지 생각한다. 넓고도 다양한 변화! 바흐는 똑같은 생각을 음악에서 했다. 바흐는 평생 '푸가'라는 음악 기법을 연구했는데, 말하자면 하나의 선율을 가지고 어떻게 하면 수많은 색깔로 나타낼 수 있을까에 대한 연구였다. 그 결과물로 나온 것이 「골드베르크 변주곡」이나 「푸가의 기법」 같은 곡이었다. 이것은 세상의 동일성과 다양성에 대한 음악적 모범 답안이었다.

그리스의 철학자 헤라클레이토스(Heraclitus of Ephesus)는 "같은 강물에 두 번 발을 담글 수는 없다"고 했지만, 『구약성서』의 한 선지자는 "해 아래 새것이 없다"고 했다. 왜 두 사람 말이 다른 거냐고? 그건 해가 지면 달이 뜨고 여름 가면 가을이 오는 섭리는 변하지 않지만, 그 속에 흐르는 모든 시간은 변화로 가득 채워져 있다는 말일 것이다. 다양성의 눈으로 보면 세상은 모든 순간이 변화로 이루어지지만, 동일성의 눈으로 보면 세상은 자연의 섭리가 연속될 뿐이다.

음악이라는 시간 예술은 이 동일성과 다양성이라는 숙제를 어떻게 풀어냈을까? 그것이 가장 잘 드러나는 방식을 '변주(Variation)'라고 본다.

'변주곡(Variation)'이란 어떤 주제를 설정하고 그 주제를 여러 가지로 변형한 연주로 이루어진 곡을 말한다. 르네상스 이후 생겨난 많은 변주곡 중에서도 바흐가 1741년에 작곡한「골드베르크 변주곡」은 변주곡 역사에 한 획을 그은 작품이다. 오래된 영화이지만 1997년 아카데미상을 휩쓸다시피 한 영화 〈잉글리쉬 페이션트〉를 보면 폐허의 수도원에서 줄리엣 비노슈(Juliette Binoche)가 피아노를 치는 장면이 나오는데, 그 곡이 바로「골드베르크 변주곡」의 첫 부분이다. 이 밖에도「골드베르크 변주곡」은 영화 속에서 자주 등장했다. 에단 호크(Ethan Hawke)와 줄리 델피(Julie Delpy)가 주연한 〈비포 선라이즈〉 같은 달콤한 로맨스 영화에서도 들을 수 있었고, 상상이 가득한 영화 일본 애니메이션 〈시간을 달리는 소녀〉에서도 흘러나왔다. 반대로 〈양들의 침묵〉 같은 섬뜩한 스릴러물에도「골드베르크 변주곡」이 들어 있었다.

바흐가 이 곡을 작곡하게 된 뒷이야기는 이랬다. 그 당시에 카이저링크라는 백작이 있었는데, 그 양반이 불면증이 심해 밤마다 침실 옆방에 음악가들을 불러놓고 자신이 잠들 때까지 연주를 시키곤 했다. 그 '사역'에 동원된 음악가 중에는 시몬 골드베르크(Szymon GoldBerg, 1709~1793)라는 어린 하프시코드 연주자가 있었다. 골드베르크는 자신이 모시고 있는 백작의 불면증을 다스릴 만한 음악을 바흐에게 부탁해 하프시코드 독주곡을 한 곡 받았다. 그것이 바로 음악 역사의 한 획을 그은「골드베르크 변주곡」이다.

이 곡은 주제를 이루는 아리아와 그에 대한 30편의 변주로 이루어져 있다. 물론 주제가 되는 아리아도 아름답기 그지없지만, 그 뒤를 잇는 30개의 변주 역시 어느 하나 버릴 수가 없다. 특히 환상곡 풍의 제25변주가 주는 아름다움은 감탄스럽다. '천의무봉(天衣無縫) – 천사의 옷에는 기운 자욱이 없다'는 표현으로밖에는 달리 설명할 길이 없을 만큼 결점이 없는 곡이다. 굳이 단점을 지적하자면 너무 아름다워서 오히려 잠들지 못하면 어쩌나 하는 것인데, 이런 나의 우려와는 달리 백작은 이 곡을 들으며 잠을 잘 잤다고 한다.

: 나의 발자국은 뒷사람의 이정표

바흐의 뒤를 이어 음악사에 나타난 거장들은 모두 변주의 달인이었다. 모차르트의 「아, 어머니께 말씀드리죠!」 주제에 의한 열두 개의 변주곡을 들어보면, 어린아이같이 단순하면서도 투명한 모차르트 특유의 감성을 느낄 수 있다. 베토벤도 수많은 변주곡을 만들었다. 그중에서도 「디아벨리 왈츠에 의한 33개의 변주곡」, 「헨델의 유다스 마카베우스 주제에 의한 12개의 변주곡」 등은 아주 유명하다. 슈베르트의 「현악 4중주 '소녀와 죽음'」 제2악장과 「피아노 5중주 '송어'」 제4악장 역시 변주의 묘미를 느낄 수 있는 최상의 곡이다. 이 밖에도 브람스의 「하이든 주제에 의한 변주곡」과 에드워드 엘가(Edward Elgar, 1857~1934)의 「수수께끼 변주곡」, 세르게이 라흐마니노프(Sergei Rachmaninoff, 1873~1943)의 「파가니니 주제에 의한 변주곡」 등 음악 역사는 멋진 변주곡들로 가득 채워져 있다.

변주곡 얘기를 철학 버전으로 읊어보자면, 산다는 건 어쩌면 한 소절의 변주 같은 것 아닌가 생각한다. 내가 만든 변주가 그럭저럭 괜찮은 것이어서 다음 세대가 더 새로운 변주를 이어가준다면 고마운 일이고 말고.

 서산대사는 일찍이 "눈을 밟으며 들길을 걸을 때, 그 발걸음을 어지러이 하지 마라. 오늘 걷는 나의 발자국은 뒷사람의 이정표가 될 터이니"라고 아주 멋진 말을 남겼다. 참으로 묵직하고 흙냄새 가득한 말씀 아닌가.

제2장
채우다
•

: 놓칠 수 없는 음반 :

바흐 「골드베르크 변주곡」 – 로잘린 투렉(Rosalyn Tureck, 피아노)

「골드베르크 변주곡」은 수학적으로 치밀하게 계산된 곡이다. 아리아를 뺀 서른 개의 변주는 중간의 16번 변주곡을 중심으로 전·후반부로 나뉘는데 세 개의 곡이 한 조가 되어 열 번 배열된다. 3, 6, 9번 등 3의 배수를 이루는 변주에 이를 때마다, 음정이 1도씩 증가해 27번 변주에 이르면 9도까지 증가하게 된다. 그러면서 각각의 곡이 보석처럼 빛난다. 「뉴욕타임스」가 '바흐의 성인'이라고 평한 투렉의 이 음반은 여전히 1순위다. 정갈하면서도 깊은 맛이 있다.

바흐 「골드베르크 변주곡」 – 글렌 굴드(Glenn Herbert Gould, 피아노)

1955년에 스물셋의 나이로 이 곡을 녹음한 후 굴드는 전설의 연주자 반열에 올랐다. 그 어렵다는 「골드베르크 변주곡」을 이렇게 찰랑거리는 음색으로 색다르게 채색할 수도 있다는 것을 보여주었다. 굴드의 팬들은 이 녹음을 좋아하는 팬과 말년에 녹음한 1981년 음반을 좋아하는 팬으로 나뉜다. 두 음반의 성격이나 연주 시간이 무척 다르기 때문이다. 나는 1981년의 녹음을 좋아한다.

 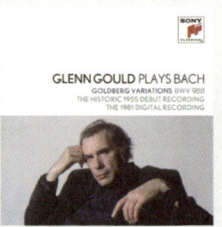

: 유튜브에서 보고 듣기 :

바흐 「골드베르크 변주곡 제25변주」 – 글렌 굴드

이 영상은 굴드가 피아노를 칠 때 어떤 식으로 무아지경에 빠져서 연주하는지를 잘 보여준다. 제25변주는 내가 이 곡에서 가장 좋아하는 부분이기도 하다. 영상으로 전 곡을 감상하고 싶다면 안드라스 시프(Andras Schiff)와 예브게니 코롤리오프(Evgeni Koroliov)의 영상을 추천한다.

바흐 「골드베르크 변주곡」 – 로버트 힐(Robert Hill, 하프시코드)

바흐는 원래 이 곡을 피아노가 아닌 하프시코드 곡으로 작곡했다. 그래서 하프시코드로 연주한 것으로도 구스타브 레온하르트(Gustav Leonhardt, 1928~2012), 피에르 앙타이(Pierre Hantai) 등 쟁쟁한 명인의 녹음이 즐비하다. 그러나 화질과 음질을 고려했을 때 로버트 힐의 연주가 가장 좋다. 친절하게도 각 변주마다 인덱스를 영상에 삽입해놓았다.

바흐 「골드베르크 변주곡」 – 자크 루시에 트리오(Jacques Loussier Trio)

「골드베르크 변주곡」은 굉장히 많은 편곡 연주가 나와 있다. 기타, 첼로, 하프, 아코디언, 현악 3중주. 심지어 목관 5중주나 전자기타 버전도 있다. 그러나 가장 색다른 맛은 역시 재즈 트리오의 연주다. 자크 루시에의 골드베르크 녹음은 존 루이스(John Lewis, 1920~2001)의 바흐의 「평균율」 녹음에 비할 만하다.

제2장
채우다

소중한 친구를 만드는 비법
──────── 카페라테 & 말러 「교향곡 5번」

: 　　　　　　작년 초가을의 일이다. 멋스럽게 차려입은 중년의 여자 손님이 와서 에스프레소를 시키며 이렇게 말했다. "프랑스 여행 중에 마셨던 에스프레소 맛을 잊을 수 없어서 찾아 다녀요."

오, 맙소사! 내 생각엔 쉽게 찾아질 것 같지 않다. 여행이란, 본래 공간 이동이 주는 자유와 일탈의 기쁨이 본질이다. 아마도 그 손님은 프랑스의 모든 것이 아름다웠을 것이다. 여행의 엔도르핀은 그곳에서 먹은 음식, 풍경, 카페, 심지어 거리에 있는 노숙자도 화보처럼 보이게 만든다. 그러니 그리운 게 어디 에스프레소의 추억뿐이겠는가. 불행히도 여행을 마치고 한국 공항에 도착하는 순간 황금마차는 호박으로 변해 버린다. 그런데 그때 잠시 탄 황금마차를 한국에서 찾는다? 부디 그럴 수 있으시길 바랄 뿐이다.

예전엔 멋모르고 에스프레소를 주문했다가 "에그, 이 쓰디쓴 걸 왜

많은 친구가 커피와 어울려왔는데
그중에 최고의 친구는 누가 뭐래도 설탕과 우유였다.
소위 '에스프레소 베리에이션'이라 불리는 수많은 커피 종류는
기본적으로 이 두 친구와의 어울림이 빚어내는 부산물이다.

제2장
채우다

마셔?"라며 고개를 절레절레 흔드는 사람이 대부분이었다. 그런데 요즘은 에스프레소 맛을 알게 된 사람이 꽤 많아졌다. 심지어는 우유와 설탕도 넣지 않은 에스프레소 원액을 즐기는 사람도 간혹 있다. 설탕 없는 에스프레소? 이건 팥소 없는 붕어빵인데? 뭐, 취향의 문제니까 이래라 저래라 할 것은 아니지만 나로서는 의아한 기분이 든다. 전 세계적으로 에스프레소와 설탕은 최고의 궁합이기 때문이다.

: 설탕과 우유, 커피의 '베프'

커피 생두에는 다양한 향기 성분과 맛 성분이 숨어 있다. 로스터와 바리스타는 숨어 있는 성분들을 끄집어내기 위해 노력하는 사람이다. 그러나 커피 맛이 2퍼센트 정도 부족하다고 여기는 사람들도 있는 법이어서 커피에다 여러 종류의 친구를 엮어줬다. 꿀, 생강, 계피, 오렌지, 초콜릿, 박하, 위스키 등 많은 친구가 커피와 어울려왔는데 그중에 최고의 친구는 누가 뭐래도 설탕과 우유였다. 이른바 '에스프레소 베리에이션'이라 불리는 수많은 커피 종류는 기본적으로 이 두 친구와의 어울림이 빚어내는 부산물이다.

설탕은 여전히 인류가 개발한 최고의 감미료다. 많은 향신료가 그랬듯이 설탕 또한 아라비아인의 손을 통해 유럽으로 건너왔다. 초기의 설탕은 후추, 정향, 계피와 함께 엄청나게 비싼 가격으로 거래되기 시작한다. 이것이 다시 콜럼버스에 의해 새로운 식민지로 건너갔는데, 1493년에 콜럼버스가 두 번째 아메리카 항해를 하면서 카리브해의 아이티섬에 사탕수수를 이식했다. 이즈음 유럽에서는 커피와 차 문화가 유행처럼 퍼지기 시작하면서 설탕의 수요도 따라서 증가했고, 중남미는 급속도로 사탕수수 생산지가 되었다. 중남미로 건너간 이민 1세대 한국인들도 거의 사탕수수 농장에서 일했다. 이런 역사를 거쳐 설탕은 대중의 식탁에까지 오를 수 있었고 커피와 짝을 이뤄 영원한 친구가 된 것이다.

또 하나의 친구인 우유는 설탕보다 더 오래된 역사를 가지고 있다. 전해지는 기록으로 봐도 『구약성서』의 「창세기」에 나오는 아벨의 직업이 양치기였고 로마 설화에 나오는 로마 건국의 아버지 로물루스와 레무스도 늑대 젖을 먹고 자랐다고 한다. 고구려의 시조인 주몽도 말 젖을 먹고 자랐다는 설화가 있을 정도이니 언제부터 커피에 우유를 타 먹기 시작했느냐는 이야기는 의미가 없다.

어찌 되었든 커피와 우유는 최고의 궁합을 자랑한다. 우유는 커피 맛을 부드럽게 할 뿐 아니라 우리 몸에 포만감도 주고, 위장을 보호해주며, 커피의 유일한 결점인 칼슘 배출 문제를 해결해준다.

우유와 섞은 커피를 영어로 하면 밀크커피(Milk Coffee)라 부르고 이탈리아 말로는 카페라테(Caffe Latte), 불어로는 카페오레(Café au Lait)라고 한다. 이때 우유의 양을 약간 줄이고 대신 풍성한 우유 거품을 올리면 카푸치노(Cappuccino)가 되고, 에스프레소 원 샷에 아주 조금의 우유 거품만 올리면 카페 마키아토(Caffe Macchiato)가 된다. 우유를 어떤 식으로 얼마만큼 보태는가에 따라 수많은 베리에이션이 만들어진다.

: 말러 음악의 신비한 힘

통도사 가는 길에 〈베토벤의커피〉라는 카페를 오픈한 지도 벌써 3년이 지났다. 〈베토벤의커피〉라는 카페 상호는 아내의 아이디어다. 음악평론가인 내 직업과 커피를 상징하는 카페 이름으로 이만한 상호가 없겠

베토벤의
커피
·

다 싶어 맘에 들었다. 눈 돌리면 카페가 두세 집 건너 하나일 정도로 많은데, 나는 일반적인 커피 외에 다른 카페와 차별화된 무엇인가를 만들고 싶었다. 물론 클래식 음악 강의도 하고 작은 음악회도 열고 있지만, 다른 카페에는 없는 특별한 커피 메뉴를 하나쯤은 준비하고 싶었다. 그래서 유럽 여행 중에 맛있게 마셨던 '코르타도(Cortado)'를 내 스타일로 만들어보기로 했다. '코르타도'는 스페인과 포르투갈 사람들이 즐겨 마시는 방식인데, 에스프레소 더블 샷에 비슷한 양의 스팀 밀크와 약간의 설탕이 들어가는 게 기본이다. 나는 이 코르타도를 약간 변형해서 〈베토벤의커피〉라고 이름 붙였다. 내가 생각하는 가장 이상적인 커피의 양과 우유, 설탕의 조합으로 만들었는데, 가끔 손님이 어떤 커피냐 물으면 '다방 커피'의 고급 버전이라고 말해준다. 카페에 오는 커피 마니아 대부분이 이 커피를 좋아해주었고, 덕분에 우리 카페의 '시그니처 커피'가 되었다. 가끔은 베토벤이 마셨던 커피냐고 묻는 사람이 있어서 한 번 더 웃게 된다.

아침 햇살도 없이 찬 바람이 부는 오늘은 다방 커피 고급 버전 〈베토벤의커피〉로 아침을 시작했다. 그리고 구스타브 말러(Gustav Mahler, 1860~1911)의 곡을 틀었다. 말러의 음악은 춥고 긴 겨울에 들으면 참 좋은 곡이지만, 카페에서 틀어놓기에는 좀 부담스러운 음악이다. 말러는 근대 독일 낭만 음악에서 최후의 교향곡 작곡가이자 당대 최고의 지휘자이기도 했다. 특히 베토벤에서 시작한 독일 교향곡은 슈만과 브람스를 거쳐 말러에 이르러 거대한 산맥을 마감한다. 말러는 항상 이렇게 말했다. "교향곡은 세계와 같다. 그 안에 모든 것을 담아야 한다." 그래서 그의 교향곡에는 이전 음악과는 다른 '극한의 세계'가 펼쳐져 있고 악기 편성과 연주 시간도 무시무시하다. 말러는 이것을 견디며 인내하는 자만 맛볼 수 있는 세계를 숨겨놓았다. 이런 이유로 나는 클래식 음악 초보자에게는 말러를 절대 권하지 않는다. "아이고! 정신 사나워 죽겠네!" 하면서 지레 겁먹고 도망치는 일을 방지하기 위해서다.

그런데 최근의 경험에 따르면 음악을 받아들이는 이치는 대단히 오묘한 것이어서 어려운 음악이라고 미리 재단하고 속단할 일도 아닌 것 같다. 내가 사는 통도사 주변은 자연경관이 좋아서 전원주택 마을이 많이 들어섰다. 과거 화승그룹의 대표이사를 지낸 고영립 회장님도 이 전원마을에 살고 있다. 비즈니스계에선 내로라하던 분이었는데 이제 좀 여유 시간이 생겨서 강의를 들어보겠다고 부인과 함께 카페에 왔다. 그런데 하필 처음 참석하는 강의에서 다룬 주제가 「말러 교향곡의 세계」였다. 그해 강의 중에서 가장 무겁고 긴 음악들만 연말에 배치해놓았던 것이다. 나는 속으로 "음, 다음엔 절대 클래식 강의를 들으러 오지 않겠군"이라 생각했다.

그런데 내 예상과는 달리 고 회장님은 다음 날부터 말러 교향곡 전곡 DVD를 구해서 사무실에서 열심히 듣고 있다고 했다. 나는 아직 말러의 어떤 부분이 가슴에 와닿았냐고 물어보지 않았다. 아마도 말러 교향곡이 가진 신비한 힘과 사업가 특유의 '정면 돌파형' 추진력이 그를 클래식으로 이끌어갔다고 생각한다.

: 말러 음악의 친구, 패러디와 유머

말러의 음악 세계는 '세기 말의 빈'에서 평생 '죽음의 그림자'를 붙잡고 살았던 사람의 정서를 담고 있다. 그래서 기본적으로 대단히 쓰고도 진한 맛을 가지고 있다. 이것만 두고 보자면 그의 음악은 강배전한 에스프레소 더블 샷과 같다. 그러나 말러는 이 쓰고 어두운 세계에 패러디와 유머라는 설탕을 넣고 자연과 사랑이라는 우유를 넣었다. 「교향곡 1번」 1악장에서 들리는 뻐꾸기 소리, 3악장에서 장송행진곡 풍으로 패러디한 동요 등이 설탕이라면 그 유명한 5번 4악장 아다지에토는 우유의 부드러움이 섞였기에 가능한 맛이다.

  말러 마니아들이 화낼지도 모르겠지만, 나는 말러에 대한 지나친 심각주의가 오히려 말러의 곡을 듣는 데 방해가 된다고 생각한다. 그건 마치 첨가물이 일절 들어 있지 않은 에스프레소를 즐겨야 진정한 커피 마니아라고 우기는 것과 비슷하다. 종교에도, 음악에도, 커피에도 이상한 근본주의자들이 존재한다. 무엇이든 지나치면 독단의 늪에 빠지게 된다. 정말 좋은 친구는 독단의 늪에 빠지는 것을 막아주는 사람이라고 생각한다.

  그렇다면 좋은 친구는 어떤 식으로 이루어지는가? 이에 대해 카페라테 식으로 패러디해본다. 일단 1)신선한 원두로 잘 내린 에스프레소와 좋은 우유가 필요하다. 두 사람의 기본 자질이 좋아야 하기 때문이다. 2)적절한 온도를 지켜야 한다. 카페라테에 들어가는 우유의 온도는 70도 정도가 좋다. 너무 뜨거우면 우유의 단백질 결합이 깨져 맛이 없고, 너무 낮으면 밍밍한 관계가 된다. 사람 관계도 비슷하다. 그리고 3)약간의 설탕과 약간의 소금이 맛을 더해준다. 모름지기 인생이란 달고 짠맛을 같이 겪어줘야 내공과 깊이가 생기는 법이다.

  이렇게 써놓고 보니 어째 주례사를 읊는 기분이 든다. 그러나 이 정도면 커피로스터의 주례사로는 훌륭한 비유 아닌가?

제2장
채우다

: 놓칠 수 없는 음반 :

말러 「교향곡 5번」 - 빈필 / 레너드 번스타인

번스타인의 혁혁한 공로 중 하나가 미국에 말러라는 작곡가를 알린 것이다. 이후 그는 뉴욕필, 암스테르담 콘세르트허바우, 빈필과 협연한 말러 녹음을 남겨놓았다. 번스타인은 템포와 강약을 지나치게 자의적으로 조절한다는 평도 있지만, 나는 오히려 그 점이 더 마음에 든다. 헤르베르트 폰 카라얀(Herbert von Karajan, 1908~1989)이 탁월한 음악의 조각가라면, 번스타인은 최고의 음악 이야기꾼이다. 나는 그의 이야기가 흥미진진해서 좋다.

말러 「교향곡 5번」 - 로열 콘세르트허바우 오케스트라 / 리카르도 샤이(Riccardo Chailly)

샤이가 지휘하는 말러 시리즈를 영상물로 본다면 라이프치히 게반트하우스와 연주한 영상을 권하겠지만, 음반으로 감상한다면 로열콘세르트허바우와 녹음한 음반을 권한다. 말러의 음악을 입체적으로 풍성하게 매만져놓았다. 선이 굵고 호방한 연주인데다 음질도 탁월하다.

 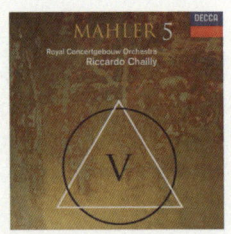

: 유튜브에서 보고 듣기 :

말러 「교향곡 5번 4악장」 - 빈필 / 레너드 번스타인(Leonard Bernstein)

음반이 아니라 영상으로 감상할 것이라면 번스타인을 선택해야 할 이유가 강해진다. 게다가 다른 연주보다 훨씬 격정적인 아다지에토를 들려준다. 아바도의 영상과 함께 꼭 감상해야 할 영상물이다.

말러 「교향곡 1번 3악장」 - 루체른페스티벌 오케스트라 / 클라우디오 아바도 (Claudio Abbado)

일명 '거인'이라는 별명이 붙은 말러 1번은 교향곡 역사에 말러라는 거인이 등장하는 신호탄과도 같다. 위암으로 베를린필을 떠난 후 루체른 페스티벌에 복귀한 아바도가 가장 심혈을 기울인 분야도 역시 말러였다. 그런 만큼 아바도의 말러는 어느 것을 선택해도 실패하지 않는다. 2009년, 일흔여섯의 아바도가 혼신의 힘으로 연주한 말러 시리즈의 영상이다.

말러 「교향곡 3번 6악장」 - 루체른 페스티벌 오케스트라 / 클라우디오 아바도

「교향곡 5번 4악장」 아다지에토가 좋았다면, 「교향곡 3번 6악장」도 놓치지 않길 바란다. 말러의 모든 교향곡 중에서도 가장 긴 3번 교향곡의 대미를 장식하는 부분이다. 부제는 「사랑이 내게 말하는 것」이다. 그 사랑이 어떤 사랑인지는 말로 설명할 수 없다. 음악을 들어보아야만 알 수 있다.

제3장
나누다

섞여 있어서 좋은 세상
──────── 커피의 블렌딩 & 브람스「바이올린 협주곡」

:   청와대 뒤쪽에 있는 부암동의 '클럽에스프레소' 마은식 사장은 내게 커피 볶는 법을 가르쳐준 사람이다. 우리가 처음 만난 2001년 당시에 나는 이탈리안 레스토랑을 경영하면서 와인과 파스타에 빠져 있었고, 마 사장은 부암동에서 커피를 열심히 볶고 있었다. 지금이야 손꼽히는 유명한 카페가 되어 엄청난 규모의 공장에서 대형 로스터를 돌리고 있지만, 그때만 해도 매일 작은 3구 샘플 로스터 앞에서 진지한 표정으로 커피를 볶고 있었다. 나는 마 사장의 커피 맛이 무척 마음에 들었다. 어느 날 "한번 볶아봐도 돼?" 농담처럼 물었는데, 그가 흔쾌히 로스터 사용 방법을 알려주면서 언제든지 와서 볶으라고 했다. 그때부터 내 커피 인생이 시작되었으니 마 사장과 맺은 인연도 보통 인연은 아닌 셈이다.

    마 사장은 얼마 전에 자신의 SNS에 '클럽에스프레소'에서 가장 잘 팔리는 블렌딩에 대한 글을 올렸는데, 반응이 아주 뜨거웠다. 마 사장이 올린 블렌딩은 콜롬비아, 브라질, 에티오피아, 과테말라를 각각 4 대 3 대 2 대 1의 비율로 블렌딩한 것이었다. 콜롬비아 원두의 중후한 기품에 브라질의 부드러운 대중성을 확보한 후, 거기에 에티오피아 예가체프의 꽃향기를 흘려 넣었다. 그리고 마지막으로 과테말라 안티구아를 살짝 넣어 개성을 보탰다.

사실 이 블렌딩은 커피로스터들 사이에는 잘 알려진 배합인데, 내 카페에서도 오래전부터 '엘 클라시코'라는 이름을 붙여 팔고 있는 블렌딩이다. 엘 클라시코(El Classico), 축구를 좋아하는 사람이라면 레알 마드리드와 바르셀로나 FC의 경기 이름을 떠올릴 수도 있겠지만 말 그대로 고전적 블렌딩이라는 뜻이다. 〈베토벤의커피〉에서도 계절에 따라 1년에 세 번 정도 특별한 블렌딩을 선보인다. 매년 봄이 되면 유난히 꽃눈을 빨리 틔우는 통도사의 홍매화를 상징해서 에티오피아 시다모를 기본으로 배합한 '홍매 블렌딩'을 준비해놓는다. 그리고 추석 전후로는 선물하기 가장 무난한 맛인 '엘 클라시코'를 만들어놓고, 크리스마스가 다가올 무렵에는 부드러우면서도 중후한 '크리스마스 블렌딩'을 준비해놓는다.

: 블렌딩, 로스터의 비밀 노트

그런데 로스터들은 왜 블렌딩 커피를 만드는 것일까?

크게 세 가지 이유가 있다. 첫 번째는 내가 원하는 맛을 찾기 위해서다. 모든 원두에는 나름의 장점이 있지만, 한쪽으로 맛이 치우쳐진 부분도 있다. 모나고 뾰족한 것은 깎고 부족한 부분은 보듬어 균형 잡힌

맛을 창조하기 위해서 원두를 섞는다. 로스터의 가장 창조적인 행위이며 가장 바람직한 블렌딩의 이유다.

두 번째 이유는 단가 때문이다. 원하는 맛에 근접하면서 적당히 저가의 원두를 섞어 최대한 단가를 낮추기 위한 경제적 이유로 블렌딩을 많이 한다.

세 번째로는 베리에이션 음료 때문이다. 싱글 핸드드립 커피와 달리 요즘 프랜차이즈 커피전문점에 많은 베리에이션 커피에는 우유나 생크림, 시럽을 많이 섞기 때문에 강하게 볶아 소량으로 진한 맛을 내는 커피를 써야 한다. 그래서 거기에 맞는 로스팅과 블렌딩을 하기도 한다. 이런 경우에는 '저가 블렌딩'인 경우가 많다.

세간에 블렌딩은 나쁘고 싱글 오리진은 좋다는 얘기를 하는 사람이 있는데, 반드시 그렇지는 않다. 보르도 특급 와인 중에는 카베르네 소비뇽과 메를로, 카베르네 프랑, 쉬라가 적절히 블렌딩된 것이 더 많다. 위스키도 마찬가지다. 싱글 몰트가 주는 개성 있는 맛도 좋지만 '조니 워커 블루'처럼 장인이 공들여 만든 블렌디드 위스키의 향미는 대단히 창조적인 예술로 평가받는다. 문제는 어떤 의도로 블렌딩을 했는가 하는 것이다. 천사와 악마는 한배를 타고 있다. 서글프게도 악마가 점점 많아지고 있는 세상 같아서 유감이지만.

: 치커리를 거부한 커피광 브람스

음악사를 들춰보면 모든 작곡가는 과거와 현재, 그리고 미래를 혼합하여 자신만의 음악을 만들어내려고 끊임없이 노력했다. 과거의 유산을 어느 정도 받아들일 것인가와 새로운 내용을 어떤 식으로 얼마만큼 제시할 것인가 하는 문제를 놓고 씨름했을 것이다. 그래서 오늘 '엘 클라시코'를 마시면서 생각난 작곡가는 브람스다.

흔히 '3B'라고 하는 세 명의 작곡가, 바흐와 베토벤, 브람스는 몇 가지 공통점이 있다. 모두 독일에서 태어났으며 음악사적으로 우뚝 선 봉우리를 형성했다는 사실, 그리고 누구보다도 커피를 사랑한 사람이었다는 점이다.

브람스가 살던 시절에는 커피가 대유행이었다. 그래서 수요에 비해 좋은 원두의 공급이 당연히 부족했다. 커피숍 중에서는 단가를 낮추기 위해서 치커리 뿌리를 볶아 커피에 섞어서 사용하는 곳도 있었다고 한다. 볶은 치커리는 값이 싼데다 적당히 커피와 섞어놓으면 눈치챌 수 없게 비슷한 맛을 내기 때문이다. 요즘 식으로 말하면 '싸구려 블렌딩'이 그때는 더했던 것이다.

브람스가 찾은 카페도 커피에 치커리를 섞어 손님에게 팔았던 모양이다. 어느 날 브람스는 카페 주인을 불렀다. "혹시 여기에 치커리가 있습니까?" 주인은 브람스가 치커리 차를 좋아한다고 생각했고, 있다고 대답했다. 브람스가 다시 부탁했다. "아, 좋아요. 혹시 치커리를 살 수 있을까요?" 주인은 치커리 두 봉지를 가져왔다. "이게 전부인가요?" 브람스가 안타까운 목소리로 물었다. 카페 주인은 안타깝지만 더는 없다고 말했다. 그러자 브람스가 치커리 봉지를 주머니에 넣으면서 힘차고 밝은 목소리로 말했다. "좋습니다. 그럼 이제 제대로 된 커피를 만들어 올 수 있겠네요!"

이 재밌는 일화는 브람스의 성품을 짐작하게 한다. 그는 지나치게 꼼꼼했을 뿐 아니라 자신의 분야에 관한한 완벽주의자였다. 제대로 된 것이 아니면 하지 않는 게 좋다고 생각하는 사람이었다. 브람스는 베토벤을 존경했다. 그러나 베토벤과 비교될 만한 멋진 교향곡을 써야 한다는 부담 때문에 교향곡을 발표하지 못하고 있었다. 친구에게 보낸 「편지」에 자신의 심정을 이렇게 썼다.

"거인이 내 뒤로 뚜벅뚜벅 쫓아오는 소리를 항상 들어야 한다고 생각해보게. 그 기분을 자네는 전혀 상상할 수 없을 걸세."

브람스는 결국 베토벤이 사망한 지 40여 년이 지난 1876년에 이르러서야 드디어 소망하던 「교향곡 1번」을 초연했다. 곡을 착상한 지도 거의 20년이나 지나서였다. 현악 4중주를 스무 개도 넘게 썼지만 출판한 것은 세 곡뿐이었다. 나머지는 모두 태워버렸다. 그 외의 작품도 절반은 그렇게 사라졌다. 브람스는 무언가 부족하다고 생각하면 스스로 못 견뎌서 죄다 불태워버렸다고 한다. 그래서일까? 그가 흡족하게 생각하는 완벽한 곡만 남겨놓았기 때문인지 브람스의 음악은 무엇을 들어도 멋지다.

사라져버린 것은 아쉬운 일이지만, 남아 있는 네 개의 교향곡과 네 개의 협주곡(한 개의 「바이올린 협주곡」, 두 개의 「피아노 협주곡」, 한 개의 「이중 협주곡」)만으로도 브람스의 가치는 찬란하게 빛난다. 이것만이 아니다. 200개가 넘는 「성악곡」과 「피아노 4중주」, 「현악 6중주」, 「클라리넷 5중주」 등의 멋진 실내악도 남아 있다.

: 고전과 낭만의 이상적인 통합

오랜만에 브람스의 「바이올린 협주곡」 음반을 틀었다. 베토벤, 펠릭스 멘델스존(Jakob Ludwig Felix Mendelssohn-Bartholdy, 1809~1847), 표트르 차이콥스키(Piotr, Ilyitch Tchaikovsky, 1840~1893)의 협주곡과 함께 흔히들 '4대 바이올린 협주곡'이라고 하는 곡인데, 나는 이런 식의 표현이 탐탁지 않다. 그렇다면 그 못지않게 멋진 막스 브루흐(Max Bruch, 1838~1920)의 협주곡과 안토닌 드보르자크(Antonin Dvorak, 1841~1904)의 협주곡, 시벨리우스의 협주곡은 어떡하란 말인가?

브람스의 「바이올린 협주곡」은 1878년, 그의 나이 마흔다섯에 작곡한 것이다. 이 시기는 브람스의 작곡 인생 최고의 전성기라 할 수 있는 때였다. 그리고 이 곡은 고전과 낭만의 가치가 완벽하게 조합되어 있다. 곡은 전통적인 3악장 구조이며, 베토벤의 것과 같은 D장조로 되어 있다. 1악장은 전형적인 소나타 형식이다. 긴 도입부를 지나면 바이올린의 거칠고 화려한 음형이 튀어나오면서 관현악과 교차한다. 이 순간 심장이 요동친다.

오보에의 목가적인 선율로 시작하는 2악장은 '브람스 멜랑콜리'의 진가를 보여준다. 한번 빠지면 헤어날 수 없는 늪이다. 3악장은 집시 음악처럼 활달한 리듬감이 매혹적이다. 어느 하나 버릴 것이 없는 곡이다. 브람스는 이 악장에 'Allegro giocoso ma non troppo vivace-poco piu presto'라는 엄청나게 긴 지시어를 써놓았다. '빠르고 활달하게-그러나 너무 빠르지는 않게-그러다가 조금씩 더 빠르게'라는 뜻이다. 도대체 어쩌라고요? 완벽주의자 브람스다운 지시어라 하겠다.

브람스는 바흐처럼 신앙심 두터운 개신교인이었고, 소심하다고 할 정도로 자기 절제가 강한 사람이었다. 오페라에 대해서는 적대감을 가졌으며, 바그너가 주도한 신독일학파의 음악을 싫어했기에 그 지지자들과 잦은 마찰을 빚기도 했다. 브람스는 대담한 화성과 표현의 면에서는 개혁적 낭만주의자였으나, 음악의 전통적 형식미를 견고하게 다듬으려 한 점에서는 보수주의자였다.

음악평론가 알프레드 아인슈타인(Alfred Einstein, 1880~1952)은 브람스의 위대성에 대해 이렇게 말했다.

"브람스의 위대성 문제는 그가 바그너 같은 혁명가가 아니라 지각생이고 늦게 태어난 사람이라는 데 있으며, 아울러 브람스 자신도 그 사실을 잘 알고 있었다는 데 있다. 오페라 작곡가이자 혁명론자였던 바그너, 그는 얼마나 편했던가! 반면에 교향곡, 소나타, 그리고 모든 종류의 실내악의 작곡가이면서, 베토벤이 도처에서 걸림돌이었던 브람스는 얼마나 고달팠던가! 그러나 그는 용감하게 과거를 통째로 받아들인다. 그는 청중의 과거에 대한 지식과 이해를 감안하고 있다. 청중 또한 늦게 온 자다."

한마디로 말해 브람스는 '위대한 음악의 블렌더'였다. 말이 쉬워서 그렇지 고전과 낭만이라는 두 토끼를 함께 잡는 일은 마치 보수와 진보, 과거와 미래를 아우르겠다는 말처럼 힘든 일이다. 그러나 가끔 그런 일을 실현해내는 사람이 나타난다. 그런 사람을 가리켜 우리는 위대하다고 말한다.

: 놓칠 수 없는 음반 :

브람스 「바이올린 협주곡」 – 다비드 오이스트라흐(David Oistrakh, 바이올린), 클리블랜드 오케스트라 / 조지 셸(George Szell)

브람스 협주곡은 전체적으로 남성적인 힘을 유지하면서 1, 3악장의 다이내믹과 2악장의 멜랑콜리를 모두 표현해내야 제맛이 난다. 오래된 음반이지만 다비드 오이스트라흐와 셸의 해석은 여전히 최고의 선택이다. 이와 함께 레오니드 코간(Leonid Kogan, 1924~1982) – 키릴 콘드라신(Kiril Kondrashin, 1914~1981)의 음반도 선이 굵은 연주를 자랑하며 명반의 대열에 올라 있다.

브람스 「바이올린 협주곡」 「이중 협주곡」 – 바딤 레핀(Vadim Repin, 바이올린), 트룰스 뫼르크(Truls Mörk, 첼로), 라이프치히 게반트하우스 / 리카르도 샤이(Riccardo Chailly)

브람스는 아주 친한 친구였던 바이올리니스트 요제프 요하임(Joseph Joachim, 1831~1907)의 부부 싸움에 개입했다가 절교 선언을 받았다. 그 뒤로 무려 7년이나 냉랭한 상태로 있었는데, 이 협주곡을 선물하면서 관계를 회복했다고 한다. 이 음반은 레핀과 트룰스의 호흡이 빛나는 「이중 협주곡」에다 하이페츠 카덴차를 사용한 「바이올린 협주곡」까지 커플링해놓았다. 음질도 좋고 연주도 멋지다.

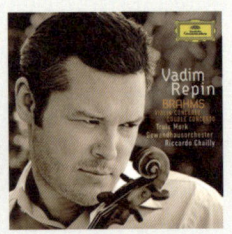

: 유튜브에서 보고 듣기 :

브람스 「바이올린 협주곡」 – 자닌 얀선(Janine Jansen, 바이올린), 암스테르담 콘세르트허바우 / 베르나르트 하이팅크(Bernard Haitink)

자닌 얀선의 보잉은 여느 여성 연주자들과 달리 선이 굵고 박력 있다. 여성 검투사 같은 자세로 브람스를 펼쳐낸다. 막강한 관록의 오케스트라와 지휘자가 뒷받침하고 있다.

브람스-바이올린협주곡

브람스 「바이올린 협주곡」 – 김봄소리(바이올린), KBS오케스트라 / 요엘 레비 (Yoel Levi)

김봄소리는 2016년 비에니아프스키 국제 바이올린 콩쿠르에서 2위를 차지하면서 최고의 인기 연주자로 떠올랐다. 가냘픈 체구와 달리 그가 연주하는 바이올린 소리는 강렬하고 힘이 있다. 다른 연주자의 연주와 비교하면서 들어봐도 전혀 뒤지지 않는다.

브람스-바이올린협주

브람스 「이중 협주곡」 – 안네 조피 무터(Anne Sophie Mutter, 바이올린), 막시밀리안 호르눙(Maximilian Hornung, 첼로), 바이에른방송교향악단 / 마리스 얀손스(Mariss Jansons)

이 곡은 브람스가 원래 「교향곡 5번」을 염두에 두고 구상한 것이다. 바이올린과 첼로가 서로 맺고 풀면서 오케스트라와 호흡하는 긴장감이 일품이다. 화질도 음질도 아주 좋다.

브람스-이중협주곡

세상에서 가장 어려운 말, 균형
─────── 콜롬비아 커피 & 모차르트 「후기 교향곡」

: 주문할 때 "맛있는 커피 주세요" 하는 손님이 있다. 파스타전문점에 와서 "그냥 맛있는 파스타 주세요"라고 하는 것과 같다. 둘 중의 하나다. 첫째 유형은 단골손님일 경우, 그건 나를 믿고 알아서 달라는 의미라서 별로 고민할 게 없다. 그 손님 취향도 알고 있을뿐더러, 색다른 커피를 내도 타박하지 않을 거라는 것을 알고 있기 때문이다. 다른 유형은 약간의 결정 장애에 모험심이 결여된 경우다. 맛있는 커피를 달라고 해놓고는 내가 오늘의 추천 커피를 주겠노라 하면 조금 망설인다. 먹어보지 않았다는 이유에서다. 참 이상도 하지. '호기심 천국' 유형인 나는 궁금해서라도 새로운 커피를 마셔보는 편인데, 세상에는 그렇지 않은 손님도 있다.

오늘은 날씨가 더워서 상쾌한 과일 향이 나는 에티오피아 계열의 원두부터 권해보았다. 시다모, 코케허니, 아리차 등. 그러자 손님이 "신맛은 빼고요" 하며 조건을 단다. 그럼 케냐AA는 어떠냐고 물어본다. "그건 너무 진한 맛이라서 별로예요." "그럼 파푸아뉴기니의 시그리는 어떨까요?" "그건 안 먹어봐서 왠지……." 이쯤 되면 감이 잡힌다. 이 손님은 결국 콜롬비아를 고르게 될 것이다.

아니나 다를까, "그냥 콜롬비아로 주세요"로 결론이 난다. 나로서는 조금 섭섭한 결론이기는 하지만 어쨌거나 콜롬비아 커피가 가진 고전적이고 대중적인 힘을 알 수 있는 대목이기도 하다.

: 후안 발데스를 아시나요?

커피를 좋아하는 사람이라면 분명히 한번은 보았을 법한 로고가 있다. 당나귀 한 마리와 망토를 걸친 콧수염 아저씨가 그려져 있는 로고. 이것은 '후안 발데스와 당나귀'라는 유명한 상표다. 1958년에 콜롬비아의 커피 재배 농부를 상징하는 마크로 시작해 콜롬비아 원두커피에 단골로 등장하는 마크다.

그런데 후안 발데스(Juan Valdez)라는 사람은 실제 인물이 아닌, 전형적인 콜롬비아 농민을 상징하는 가공의 인물이다. 안데스산맥의 험준한 골짜기는 자동차도로가 없는 곳이 많다. 후안 발데스처럼 생긴 농민들은 당나귀 등에 커피 열매를 싣고서 좁은 골짜기를 돌고 돌아 마을로 내려올 수밖에 없었다. 그래서 '후안 발데스와 당나귀'는 농민의 땀과 노력을 상징하는 로고이자 콜롬비아 커피의 우수성을 상징하는 마크가 되었다.

지금은 후안 발데스라는 이름은 50만 명을 헤아리는 콜롬비아 커피 재배 농가 연맹(FNC, Federacion Nacional de Cafeteros de Colombia)이 만

든 커피 브랜드로 유명하다. '후안 발데스'는 생두의 마크이자 커피의 상표이며 커피전문점의 브랜드이기도 하다.

'남미의 척추'라 불리는 안데스산맥은 7,000킬로미터가 넘는 길이를 자랑하는 세계 최장 산맥이다. 6,000미터가 넘는 봉우리가 50여 개나 되고 평균 고도가 4,000미터에 달한다. 아르헨티나 남쪽에서부터 북쪽으로 올라가면 칠레와 볼리비아, 페루, 에콰도르를 거치게 되고 콜롬비아에 이르면 안데스산맥이 세 줄기의 산맥으로 가지치기를 한다. 그 줄기 사이로 '커피 생산축'이라고 불리는 커피의 곡창지대가 있다. 이 지역은 2011년에 '콜롬비아 커피 문화경관'으로 유네스코 세계문화유산에 등재되었다. 살면서 꼭 한번 가보고 싶은 곳이다.

기록에 의하면 콜롬비아는 1800년대 초부터 커피를 재배하기 시작했다. 높은 해발고도가 주는 이상적인 온도와 화산재 토양, 적절한 강수량이 커피를 재배하기 더없이 좋았기에 지금은 브라질과 함께 세계 커피 업계를 쥐락펴락하는 커피 대국이 되었다.

콜롬비아 커피는 생두의 크기에 따라 등급을 매기는데 큰 생두인 최상급 수프레모(Supremo)와 그보다 조금 작은 엑셀소(Excelso)로 분류한다. 두 종류보다 작은 크기의 생두도 생산하고 있지만, 수출용으로는 쓰지 않는다. 게다가 재배되는 모든 품종이 고급품인 아라비카종이다. 그 때문에 세계 시장에서 콜롬비아 커피의 위치는 굉장히 탄탄하다.

콜롬비아 커피의 특징을 한마디로 표현하라면 '최고의 균형'이라고 말하고 싶다. 맛의 균형, 향기와 질감의 균형이 잘 잡혀 있다. 우리가 '커피 본연의 맛'이라고 할 때, 그 막연한 표현에 정답이 되는 아주 고전적인 맛이라 할 수 있다. 그래서 콜롬비아 커피는 원두를 블렌딩할 때 가장 많이 사용하는 약방의 감초 같은 커피이기도 하다.

: 고귀한 단순성과 고요한 위엄

오늘의 커피는 콜롬비아 메델린 수프리모. 이 고전적인 커피에 어울릴 만한 음악을 고르자면 역시 모차르트의 교향곡이다. 음악사를 시기별로 구분할 때 크리스토프 글루크(Christoph Willibald Gluck, 1714~1787), 카를 슈타미츠(Karl Philipp Stamitz, 1745~1801), 프란츠 요제프 하이든(Franz Joseph Haydn, 1732~1809), 모차르트, 베토벤이 살던 시대의 음악을 흔히들 '고전주의 시대 음악'이라고 분류한다. 시기로 분류하면 1700년대 중·후반이고 유럽에선 합스부르크 왕가의 힘이 막강할 때며 미국에선 독립선언문이 낭독되던 시기다. 경제적으로는 제임스 와트(James Watt, 1736~1819)의 증기기관과 아크라이트(Richard Arkwright, 1732~1792) 방적기가 출현해서 산업혁명이 시작되었다. 사상적으로는 프랑스의 '백과전서파'를 비롯하여 데이비드 흄(David Hume, 1711~1776), 고트프리트 라이프니츠(Gottfried Wilhelm von Leibniz,

1646~1716), 몽테스키외(Charles De Montesquieu, 1689~1755), 볼테르(Voltaire, 1694~1778), 장-자크 루소(Jean-Jacques Rousseau, 1712~1778), 임마누엘 칸트(Immanuel Kant, 1724~1804)에 이르는 철학자들이 인간 이성의 능력에 대해 백가쟁명(百家爭鳴)하던 시기였다.

이 시대에 들면 사람들은 더는 종교에 순응하는 체제가 아닌 이성적인 시민 사회를 구상하게 된다. 독일의 미술고고학자 요한 빙켈만(Johann Joachim Winckelmann, 1717~1768)의 표현처럼 '고귀한 단순성과 고요한 위엄'으로 무장한 세계, 질서와 화합의 세계. 그것이 고전주의의 미학이자 이상향이었다.

음악적으로 봐도 이전의 바로크 시대에 유행하던 복잡하고 화려한 감정 표현을 절제하고 이성과 감성의 균형을 추구하는 움직임이 나타났다. 과거의 음악은 성부가 너무 많이 얽혀 있어서 말하려는 음악적 주제를 이해하기 어려웠다. 그래서 고전주의 시대에 들어오면 중심이 되는 멜로디를 단순하고 명확하게 제시하는 대신 나머지 부분은 화성으로 멜로디를 뒷받침하게 했다. 결과적으로 음악이 더 명료하면서도 풍성한 리듬을 타고 흐르게 되었다. 이러한 배경 속에서 소나타의 형식이 완성되고 교향곡과 현악 4중주가 자리를 잡게 된 것이다.

: 영원히 말로는 표현할 수 없는 것

모차르트는 총 마흔한 개의 교향곡을 작곡했다. 그중에서도 최후의 3대 교향곡은 그야말로 명곡 중의 명곡이다. 세 곡의 성격은 각각 다르지만, 기교적으로는 고전파 교향곡의 경지를 보여준다. 이 곡을 작곡했던 시기에 모차르트는 몹시 힘들고 궁핍했다. 천재의 이미지가 희미해지면서 인기가 점점 떨어져 돈은 바닥났고, 이로 인해 결혼생활마저 위태로웠다. 그런 열악한 상황 속에서 이 곡들은 1788년 6월에서 8월에 걸쳐 불과 6주 사이에 모두 완성되었다. 확실히 천재는 천재다.

「교향곡 39번 Eb장조」는 세 곡 중에서 가장 밝고 여유롭다. 느리게 시작하는 1악장도 좋지만, 하이든의 유머를 떠올리게 하는 4악장도 멋지다. 이에 비해 「교향곡 40번」은 느낌이 다르다. 이 곡을 쓸 무렵인 1788년 6월 29일에 넷째 아이 테레지아가 세상을 떠났다. 그래서인지 G단조로 작곡된 40번 교향곡에는 알 수 없는 슬픈 그림자가 묻어 있다. 1악장의 테마는 프랑스의 가수 실비 바르탕(Sylvie Vartan)이 「사랑하는 모차르트(*Caro Mozart*)」라는 제목으로 편곡해서 불렀을 정도로 유명한 선율이다. 2악장 안단테는 일찍이 슈베르트가 듣고서 "천사의 음성이 들린다"고 격찬했을 만큼 우아하면서도 쓸쓸하다. 게다가 마지막 4악장은 만하임악파(Mannheim School)가 '로켓'이라 부르던 상승 선율이 박진감 있는 리듬과 어우러져 있다.

그리고 '주피터'라는 부제가 붙은 「교향곡 41번」은 베토벤 이전에 작곡된 교향곡 중에서는 가장 큰 규모의 곡이다. 위엄 있고 당당한 음악에 주로 사용하는 C장조의 곡인데, 사실 이 곡에 붙은 '주피터'라는 별명은 모차르트가 붙인 제목이 아니다. 하이든의 후원자로 유명한 흥행사 요한 페터 잘로몬(Johann Peter Salomon, 1745~1815)이 마케팅을 위해 붙인 제목이다. 곡의 성격과 잘 어울려 이후에도 계속 그렇게 불리게 되었다. 1악장이 시작되면 정말 신들의 제왕 같은 강력하고 명쾌한 음향이 귀를 사로잡는다. 매끄러운 2, 3악장을 거쳐 4악장의 푸가에 이르기까지 흠잡을 데 없이 화려하게 펼쳐진다. 나중에 이 곡을 들은 작

작곡가 슈만(Robert Alexander Schumann, 1810~1856)은 이렇게 말했다.

"셰익스피어의 작품들, 그리고 모차르트의 「주피터 교향곡」처럼 영원히 말로는 설명할 수 없는 것들이 있다."

그러나 불행히도 이 작품들마저 모차르트가 살아 있을 당시에는 그리 환영받지 못했다. 나긋나긋한 음악을 즐기던 당시 빈의 청중들에게 이 곡은 너무 복잡하고 진지하게 들렸다. 시대를 너무 앞서가면 힘들고 외로워진다. 모차르트는 이 곡들을 작곡한 지 3년도 채 안 되어 서른다섯의 나이로 세상을 떠났다. 그러나 모차르트의 음악은 230년이 지난 지금까지도 '고전 중의 고전'으로 남아 있다. 그래서 인생은 짧지만, 예술은 길다고 하는가보다.

모차르트의 교향곡이 고전으로 남게 된 이유가 뭐냐고 묻는다면 나는 '균형'이라고 말하고 싶다. 잘 정리된 형식 속에 멜로디와 화음, 리듬의 균형이 군더더기 없이 완벽하게 조합되어 있다. 마치 석가탑이나 첨성대처럼 균형의 힘이 세월을 견뎌내며 빛을 잃지 않게 만들었다고 본다. 그런데 이건 아무나 할 수 있는 일이 아니다. 타고난 천재이거나 불굴의 노력으로 다듬어가야만 가능한 경지다. 나 같은 범부(凡夫)에게 '삶의 균형'이라는 말은 영원한 이상이자 기도 제목일 뿐이다.

그래도 오늘 콜롬비아 커피 한 잔과 모차르트 교향곡의 힘을 빌려 다시 새긴다. 내가 생각하는 삶의 균형, 그 이상향은 이런 것이다.

"죽는 날까지
책을 읽을 수 있는 머리,
음악을 들을 수 있는 가슴,
혼자서 산책을 다닐 수 있는 다리,
그리고 누군가에게 건넬 수 있는 손이 되기를."

: 놓칠 수 없는 음반 :

모차르트 「교향곡 40번, 41번」 - 콜롬비아심포니 / 브루노 발터(Bruno Walter)
이 곡에 대한 가장 고전적인 해석을 내놓은 음반을 말하라면, 이 음반과 카를 뵘(Karl Bohm, 1894~1981)의 음반을 꼽고 싶다. 발터의 모차르트는 언제 들어도 편안하다. 사실 발터의 모차르트 녹음은 대부분 나이가 많이 들어서 이루어졌다. 이 사실에 주목한 기자가 왜 그랬냐고 묻자 발터가 이렇게 답했다고 한다. "진정한 아름다움을 이해하는 데는 세월이 필요하니까요."

모차르트 「후기 교향곡집」 - 빈 콘첸투스 무지쿠스 / 니콜라우스 아르농쿠르 (Nikolaus Harnoncourt)
모차르트 시대의 악기와 편성이 오히려 현대적 대규모 오케스트라보다 훨씬 깔끔하고 생동감 있게 연주될 수 있다는 걸 원전 연주자들이 보여주고 있다. 아르농 콩쿠르는 암스테르담 콘세르트허바우, 유럽 챔버오케스트라와 남긴 녹음도 있지만 빈 콘첸투스 무지쿠스와 작업한 녹음이 가장 나중의 녹음이고 구하기도 쉽다.

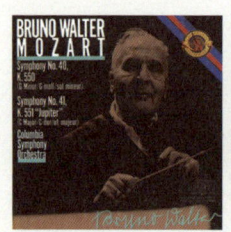
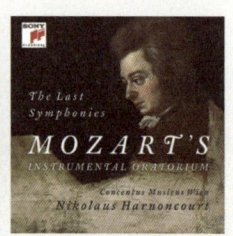

: 유튜브에서 보고 듣기 :

모차르트 「교향곡 40번」 – 빈 콘첸투스 무지쿠스 / 니콜라우스 아르농쿠르

2014년 오스트리아 그라츠 실황 영상이다. 눈이 튀어나올 것만 같은 아르농쿠르의 독특한 지휘 모습을 보는 재미도 좋다.

모차르트 「교향곡 25번」 – 바인베르거 챔버 오케스트라 / 가보르 타카치 – 나지 (Gabor Takacs – Nagy)

모차르트 교향곡의 '질풍노도 적' 맛을 보여주는 대표적인 작품이다. 영화 〈아마데우스〉 시작 부분에서 사용되어 수많은 사람에게 이 곡의 진가를 확인시켜주었다.

모차르트 「교향곡 40번 1악장 편곡」 – 줄리아나 사라치, 마리아 포포비치(피아노)

교향곡 40번 1악장 멜로디는 워낙 유명해서 수많은 편곡 연주가 있다. 피아노, 플루트, 기타 등의 악기는 물론이고 샹송으로 번안되어 불리기도 했고, 인도의 발리우드 영화에도 이 곡을 편곡해서 노래하는 장면을 볼 수 있다. 이 영상물은 살사 버전의 피아노 연주에다 쿠바 댄서들까지 등장한다. 재미있고 유쾌하다.

로마로 가는 길은 수십 가지가 있다
―――― 과테말라 안티구아 & 스트라빈스키 「봄의 제전」

: 　　　　　아는 체하기 좋아하는 사람과 대화하다보면 좀 피곤해진다. 독설가로 유명한 내 친구 송모 씨의 표현에 따르면 "모름지기 노래 한두 곡 들은 사람, 책 한두 권 읽은 사람, 해외여행 한두 번 가본 사람, 연애 한두 번 해본 사람이 가장 말도 많고 탈도 많다."

　카페에서도 마찬가지다. 아예 모르면 주인에게 묻거나 맡길 것이고, 정말 많이 알면 오히려 아는 척하지 않고 관대해진다. 그런데 약간만 아는 사람은 꼭 아는 것을 자랑하려 들거나, 그 알량한 지식이 절대적이라 여긴다.

　며칠 전 한 손님도 그랬다. 과테말라 커피 한 잔을 내려달라고 했다. 원두에 따라 다르긴 하지만 우리 카페의 핸드드립은 보통 18그램의 원두로 180밀리리터의 커피를 추출한다. 커피를 내리고 있는데 서버에 추출된 커피가 100밀리리터를 넘어서자 손님이 기겁하면서 거기서 멈

추라고 큰 소리로 말하는 것이 아닌가. 나는 무슨 큰일이 난 줄 알고 깜짝 놀랐다. 그러고는 나머지 양은 물로 채워달라고 다그친다.

나야말로 황당해서 "그런 방법도 있지만 나는 끝까지 내리는 방식을 선호합니다"라고 말했는데, 손님은 내가 큰 잘못이라도 한 듯 야단을 떨었다. 그렇게 내리면 잡맛이 많이 난다며 혀를 끌끌 차기까지 했다. 나 원 참……. 당황스럽고 기분 상하기는 나도 매한가지였다. 나도 고집이 있는 사람이라서 내 방식의 커피를 마셔보라고 내놨지만, 마음에 들지 않는 표정이 역력했다. 손님이 원하는 방식으로 이 원두를 내리려면 좀 더 강하게 볶아서 더 곱게 갈아 내려야 제맛이 난다. 그런 차이를 모르는 채 자신이 배운 한 가지 방식만 고집하고 있는 것이다. 잡맛? 아, 피곤하다…….

: 커피에 대한 톨레랑스

커피 한 잔을 내리는 방법에는 실로 수백 가지 변수가 존재한다. 일단 생두에 따라 맛이 천차만별이다. 그리고 생두를 어떤 식으로 볶느냐에 따라서 맛이 확실히 바뀐다. 여기까지가 커피 맛의 70퍼센트를 차지한다면, 나머지는 어떤 식으로 추출하는가에 따라 달라진다. 원두의 분쇄 굵기, 물의 온도, 내리는 데 걸리는 시간, 원두 대비 전체 추출량, 추출 도구 등이 미세하게 맛에 영향을 미친다.

경력이 오래된 바리스타는 원두에 따라 자신이 선호하는 추출 방식을 가지고 있다. 그 손님이 철석같이 믿는 것처럼 가늘게 갈아서 절반만 내리는 방식도 있지만, 굵게 갈아서 호방하게 내리는 방식도 있고 중간 굵기로 갈아서 점 드립으로 내리는 걸 선호하는 사람도 있다. 정답? 맛의 세계에 정답은 없다. 호불호가 있을 뿐이다. 맛의 세계는 예술의 세계와 비슷하다. 칸트식으로 말하자면 '사실 판단'이 아니라 '가치 판단'의 영역이라서 절댓값으로 매길 수 없다.

프랑스의 음식 평론가 앙투안 브리야-사바랭(Jean Anthelme Brillat-Savarin, 1755~1826)은 이렇게 말했다. "당신이 좋아하는 음식을 말해주세요. 그러면 당신이라는 사람에 대해 말해드릴게요." 먹는 방식은 말하는 방식이나 옷 입는 방식 못지않게 그 사람을 드러내는 증거물이다. 음식에 대해 대단히 편협한 사고를 하는 사람, 예를 들어 "전라도 음식을 빼면 먹을 게 없어" "소주만 한 술은 없어" "소고기는 등심이 최고야"라고 마구 우기며 다른 선택을 차단하는 사람은 자신의 경험치가 대단히 편협하다는 것을 힘주어 말하는 것과 같다. 자신의 우물 속에서 보는 하늘이 전부라고 스스로 떠드는 셈이다. 다른 음식에 호기심이 없고 다른 방식의 음식에 '톨레랑스'를 가지지 못하는 사람은 다른 생각에도 관용을 갖지 못한다.

내게 오래도록 어려운 생두는 과테말라 안티구아였다. 이렇게도 볶아보고 저렇게도 볶아봤지만 제맛을 내기가 항상 힘들었다. 여러 가지 외국 자료를 뒤지다가 어느 날 원인을 알게 되었다. 어이없게도 내가 '제맛'이라고 생각한 선입견이 문제였다. 국내에 떠도는 많은 자료에서 과테말라 안티구아의 맛은 '화산재 토양이 주는 스모키(Smoky)함' 어쩌고 하는 수식어가 붙어 있다. 그래서 나는 그런 스모키함이 과테말라 안티구아의 제맛이라고 단정해버린 것이었다. 돌이켜 생각해보면 화산 토양에서 자란 커피가 어디 한둘인가. 하와이는 섬 자체가 화산섬인데 전혀 스모키하지 않은 커피가 생산되지 않는가.

과테말라는 커피 생산량으로 세계 10위권을 넘나드는 커피 왕국이다. 그런 만큼 다양하고 개성 있는 커피가 많다. 화산지역인 안티구아 아카테낭고의 커피도 진하고 맛있지만, 호수 근처에 자리한 아티틀란 지역의 것도 좋고 우림으로 덮인 코반 지역의 커피도 좋다. 화산지역이 아닌 우에우에테낭고 지역의 커피는 훨씬 복합적인 향미를 자랑한다. 그런데도 모든 과테말라 커피에 마치 화산지대의 연기가 스민 것 같은 맛으로 단정 지은 것이 나를 어렵게 만든 요인이었다. 약간 아는 지식을 절대적인 지식인 양 믿어버리면 이런 결과가 나오는 것이다.

: 새로운 것에 대한 거부감

음악은 어쩌면 고정관념과의 투쟁사라 할 수 있다. 바흐의 「마태 수난곡」이나 「무반주 첼로 모음곡」, 「베토벤의 교향곡 5번 '운명'」이나 「바이올린 협주곡」, 슈베르트의 「교향곡 8번 '미완성'」, 비제의 오페라 「카르멘」 등 지금은 교과서에 실릴 정도로 유명한 작품들도 당대엔 인정받지 못하고 무시당하던 작품이었다. 당시 사람들에게는 너무 길거나 혹은 어렵거나, 직설적이라는 이유로 외면당했다. 위대한 작곡가들은 대부분 그러한 시대적 고정관념과 몰이해와 냉대를 넘어가며 자신의 세계를 그려냈다.

러시아 출신의 미국 작곡가 이고르 스트라빈스키(Igor Stravinsky, 1882~1971)의 「봄의 제전」 역시 같은 과정을 겪어낸 명작이다. 그것은 우리가 일반적으로 생각하는 봄의 따뜻하고 생기 있고 약간은 쓸쓸하기도 한 이미지를 완전히 뒤엎은 발상에서 출발했다. 그의 봄은 전혀 서정적이지 않다. 설렘도 없고 그리움도 없다. 스트라빈스키가 느낀 봄은 그렇게 보슬거리거나 촉촉하지 않다. 오히려 어느 계절보다 역동적이며, 힘이 세다 못해 야만적이고 폭력적이기까지 하다.

스트라빈스키의 「봄의 제전」은 이렇게 만들어졌다. 그가 1910년 상트페테르부르크에서 「불새」의 마지막 부분을 쓰고 있을 때, 그는 꿈속에서 원시적인 축제 장면을 보았다. 러시아 이교도들이 봄이 되자 처녀를 자연의 제물로 바치는 의식을 치르는 꿈이었다. 스트라빈스키는 화가인 니콜라스 뢰리히(Nicholas Roerich, 1874~1947)와 당대 러시아 발레의 최고 흥행가인 세르게이 디아길레프(Sergei Diaghilev, 1872~1929)에게 꿈 이야기를 했다. 세 사람은 곧바로 의기투합해서 작품을 만들기로 했고 안무가 바슬라프 니진스키(Vaslav Nizinskii, 1890~1950)와 무용수 타마라 카르사비나(Tamara Karsavina, 1885~1978)도 주역으로 합류했다.

이 작품은 1913년 5월 29일 피에르 몽퇴(Pierre Monteux, 1875~1964)의 지휘로 파리 샹젤리제극장에서 첫 공연의 막을 올렸다. 그것은 이전까지는 전혀 볼 수 없었던 내용이었다. 당시로는 상상할 수 없는 혁신적 리듬과 음향에다 주술적인 무아지경의 안무, 게다가 주제가 원시인들의 처녀 희생 제사라니. 청중은 찬성파와 반대파로 나뉘어 서로 야유하고 고함을 지르는 '원시적인 행태'로 치달았다. 결국 경찰이 출동하기에 이르렀고 27명의 부상자를 내는 공연이 되었다. 얀 쿠넹(Jan Kounen) 감독이 2011년에 만든 〈샤넬과 스트라빈스키〉 영화를 보면 이때의 상황이 어느 정도였는지 알 수 있다.

곡은 제1부 「대지 예찬」과 제2부 「희생물」로 구성되어 있다. 1부는 낮의 정경을, 2부는 밤의 정경을 담고 있다.

스트라빈스키가 느낀 봄은 전혀 서정적이지 않다.

설렘도 없고 그리움도 없다.

그가 느낀 봄은 그렇게 보슬거리거나 촉촉하지 않다.

오히려 어느 계절보다 역동적이며,

힘이 세다 못해 야만적이고 폭력적이기까지 하다.

제1부 대지 예찬(Première Partie: L'adoration de la Terre)

  1곡: 서주(Introduction)

  2곡: 봄의 징조-소녀들의 춤(Les Augures Printaniers: Danses des Adolescentes)

  3곡: 유괴의 유희(Jeu du Rapt)

  4곡: 봄의 윤무(Rondes Printanières)

  5곡: 적대부족의 의식(Jeux des Cités Rivales)

  6곡: 현자의 행렬(Cortège du Sage)

  7곡: 대지 예찬(Adoration de la Terre (Le Sage))

  8곡: 대지의 춤(Danse de la Terre)

제2부 희생물(Seconde Partie: Le Sacrifice)

  1곡: 서주(Introduction)

  2곡: 소녀들의 신비로운 원(Cercles Mystérieux des Adolescentes)

  3곡: 선택된 처녀의 찬미(Glorification de l'Élue)

  4곡: 조상들의 소혼(Evocation des Ancêtres)

  5곡: 조상들에 대한 의식(Action Rituelle des Ancêtres)

  6곡: 선택된 처녀의 희생의 춤(Danse Sacrale (L'Élue))

스트라빈스키 자신도 "「불새」와「봄의 제전」사이에는 2년이 아니라 20년이 흐른 것 같다"고 할 정도로 이 곡은 스트라빈스키 음악 세계의 한 정점을 이루게 되었다. 그 말썽 많던 초연 이후「봄의 제전」은 안무가들이 넘어야 할 '에베레스트'가 되었다. 모리스 베자르(Maurice BeJart,

1927~2007), 케네스 맥밀런(Kenneth MacMillan, 1929~1992) 등 많은 안무가의 작품이 만들어졌고 심지어 살사댄스로 표현한 봄의 제전도 무대에 올라가고 있다. 평론가 콘라드 바이키헤르의 말처럼 "스트라빈스키의 「봄의 제전」과 피카소의 「게르니카」는 20세기의 얼굴"이 되었다.

: 천국이란 정답이 많은 곳

세상에는 다양하게 표현된 수많은 봄이 있다. 이렇게 리듬으로 가득한 스트라빈스키의 봄이 있는가 하면 비발디의 「사계」에 나오는 파릇파릇한 봄도 있고, 베토벤의 「바이올린 소나타 5번 '봄'」의 제2악장에 나오는 적적한 봄도 있다. 하이든이 오라토리오로 만든 「사계」의 봄도 있고 슈베르트의 가곡 「봄의 신앙」도 있다. 아스토르 피아졸라(Astor Piazzolla, 1921~1992)가 만든 「부에노스 아이레스의 사계」에 나오는 탱고 리듬의 봄도 있다. 재즈에는 루이 암스트롱(Louis Armstrong, 1901~1971)과 엘라 피츠제럴드(Ella Fitzgerald, 1917~1996)가 부른 「파리의 4월」이 있고, 한국 가요에도 「고향의 봄」부터 「봄날은 간다」 「벚꽃 엔딩」 등 많은 봄이 있다. 모두에게는 각자의 봄이 각자의 방식대로 있다. 음악도 마찬가지고 커피도 마찬가지다. 로마로 가는 길은 수십 가지가 있다.

무라카미 하루키가 쓴 수필집에는 이런 글귀가 있다. 내가 아주 좋아하는 구절이다.

"천국은 여러 개의 답이 가능한 곳을 말한다. 반대로 정답이 하나밖에 없는 곳, 나는 그런 곳을 지옥이라 부른다."

: 놓칠 수 없는 음반 :

스트라빈스키 「봄의 제전」 – LA필하모닉 / 에사 – 페카 살로넨(Esa-Pekka Salonen)

핀란드 출신의 지휘자 살로넨은 현대음악을 마치 만지듯 해석해내는 것으로 유명하다. 특히 스트라빈스키 연주는 관록을 자랑한다. 이전에 소니에서 발매한 음반에선 젊은 패기가 넘쳤다면, 이 녹음에선 음향의 색채감과 균형을 잘 다잡아놓았다. SACD이니만큼 음질도 아주 우수하다.

스트라빈스키 「봄의 제전」 – 레이프 오베 안스네스(Leif Ove Andsnes, 피아노), 마르크 – 앙드레 아믈랭(Marc Andre Hamelin, 피아노)

「봄의 제전」 두 대의 피아노를 위한 버전은 피아니스트 사이에서 인기가 높은 곡이다. 막강한 테크닉을 가진 피아니스트이자 새로운 편곡 연주를 좋아하는 안스네스와 아믈랭이 호흡을 맞췄다. 2017년 유럽과 미국 전역에서 펼쳐진 두 피아니스트의 「봄의 제전」 투어는 특별히 인기가 높았는데, 그 이유를 알 수 있는 음반이다. 「봄의 제전」과 아울러 스트라빈스키의 두 대의 피아노를 위한 협주곡과 탱고, 서커스 폴카 등이 수록되어 있다.

 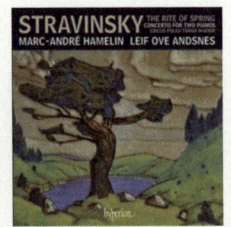

: 유튜브에서 보고 듣기 :

스트라빈스키 「봄의 제전」 – 마린스키극장 오케스트라 / 발레리 게르기예프 (Valery Gergiev)

「봄의 제전」 초연 100주년을 기념하기 위해 마린스키 발레단이 1913년 초연 당시의 니진스키 안무를 그대로 재현했다. 100년이 흘러도 여전히 대단한 안무로 평가받고 있다. 게르기예프가 지휘하는 러시아 음악의 힘은 더는 말이 필요 없다.

스트라빈스키 「봄의 제전 – 2대의 피아노를 위한 버전」 – 유센 형제

스트라빈스키 자신이 편곡한 두 대의 피아노를 위한 버전이다. 루카스 유센(Lucas Jussen), 아르투르 유센(Arthur Jussen) 형제의 연주는 거침없이 흘러간다. 봄의 제전을 좋아하는 사람은 꼭 한번 들어보길 권한다.

스트라빈스키 「봄의 제전」 – 안줄랭 프렐조카주(Angelin PrelJocaJ) 안무

봄의 제전은 현대 안무의 실험장 역할을 했다. 모리스 베자르의 에로티시즘, 피나 바우쉬(Pina Bausch, 1940~2009)의 여성주의, 사샤 발츠(Sasha Waltz)의 육체성 등이 모두 흥미로웠지만, 그중에서도 나기사 시라이(Nagisa Shirai)를 기용한 프렐조카주의 안무가 가장 강렬했다.

최고의 피서는 예술에 몰입하는 것
───────── 아이스커피&드보르자크「현악 4중주 '아메리칸'」

: 올여름이 덥긴 더웠나보다. '기상청 관측 사상 최고 온도 갱신!' '110년 만의 폭염!' 등의 살벌한 헤드라인으로 뉴스가 가득하다. 집에 있기도 힘들고 멀리 떠나자니 엄두가 나지 않는 무더위다. 그래서 이런 날은 에어컨 빵빵한 가까운 카페가 최고라고 생각한 단골손님들이 〈베토벤의커피〉에 모여들었다. 금요일마다 진행하는 〈불금 클래식〉의 자리가 몇 주째 꽉 찬다. 기분 좋은 일이다.

더 재미있는 것은 〈불금 클래식〉이 한 달 전부터 계속 '골든벨'로 진행되고 있다는 것이다. 알다시피 골든벨은 누군가가 그 시간의 손님들 음료값을 모두 계산한다는 것인데, 요즘 같은 세상에는 여름날의 함박눈만큼이나 드문 일이다.

한 달 전, 울주군 배내골에 사는 서 여사님이 골든벨을 울린 이유는 이랬다. "오늘이 아들 생일인데, 아들이 멀리 있어서 축하해줄 수가 없

제3장
나누다

어서." 그녀는 뒷말을 흐리며 쑥스러워했고, 자리한 모든 손님이 고맙다며 손뼉을 쳤다. 서 여사님이 골든벨을 울린 이후부터 이상하게도 축하할 일들이 생겨서 몇 주째 계속 골든벨이 이어지고 있다. 와, 세상은 아직 살 만하다는 생각이 든다.

: 네 가지 방식의 아이스커피

여름날의 커피, 그건 말할 필요도 없이 아이스커피다. 아이스커피는 우유나 시럽 등과 섞는 방법에 따라 수많은 이름을 가지게 되지만, 기본은 네 가지 정도로 나눌 수 있다. 1)믹스커피를 차가운 물에 타는 방식과 2)에스프레소 샷을 차갑게 이용하는 방식이 있다. 3)핸드드립으로 내리면서 바로 식히는 방식이 있고 4)장시간 조금씩 내린 콜드브루 방식이 있다.

내 카페에서는 1번만 제외하고 나머지 세 가지 방식을 모두 사용한다. 맛이 조금씩 다르기 때문이다. 2번의 에스프레소 샷에 얼음물을 섞은 방식은 두터운 질감을 느낄 수 있다. 특히 우유와 섞을 때는 이 방식이 최고다. 서버에 얼음을 가득 넣고 핸드드립으로 내리는 3번 방식은 맛이 감탄스러울 정도로 맑고 깨끗하다. 에티오피아 계열 원두처럼 향기를 중요시할 때는 이 방식이 탁월하다. 손님 중에는 사계절 내내 핸드드립 아이스커피를 주문하는 스님도 있다.

마지막 4번의 콜드브루 방식에 관해서는 설명을 좀 해야겠다. 콜드브루(Cold Brew)는 곱게 분쇄한 원두를 차가운 물로 장시간 추출한 커피를 뜻한다. 적은 물과 고온 고압으로 단시간에 추출하는 에스프레소 방식과 정반대의 방식으로 추출한 커피다. 예전에는 '더치커피(Dutch

Coffee)'라는 말을 썼는데, 여러 가지 설이 있지만 사실 네덜란드인(더치)과 전혀 상관없는 단어로 일본에서 만든 상업적 명칭이다. 빈에는 비엔나커피가 없는 것처럼 네덜란드에는 더치커피가 없다. 서구에서는 콜드브루, 워터드립, 워터브루 등의 단어를 쓴다.

서구에서 '교토 스타일'이라고 부르는 일본식 콜드브루 방식은 물이 원두 위로 방울방울 떨어지는 '점적식'이다. 이에 비해 서구에서는 분쇄 원두를 물에 오래 담가 두었다가 꺼내는 '침전식'을 주로 사용한다. 서로 약간씩 장단점이 있긴 하지만, 어쨌든 이 방식으로 천천히 내려서 냉장고에서 1~2일 정도 숙성시키면 와인과 같은 독특한 풍미가 생긴다. 어느 카페에서 '핫 콜드브루 커피'라는 메뉴를 본 적 있는데, 콜드브루 원액을 뜨거운 물에 타 마시는 것을 대단한 트렌드인 양 홍보하고 있었다. 이건 단어 상으로 '뜨거운 냉커피'라는 말이 되는데 트집을 좀 잡자면 이런 걸 논리적으로 '형용 모순'이라고 한다. 나로서는 용어도 방식도 맛도 영 마음에 들지 않는다.

: 몰입하는 능력은 훈련에서 온다

어제 볶아놓은 원두 중에서 열대 과일 맛이 짙은 에티오피아 코케 허니를 골라서 내렸다. 상큼한 과일의 향기가 물씬 풍겨나오는 인기 품종인데, 핸드드립으로 아이스커피를 내리기에 좋은 원두다. 이 커피를 마시면 차가운 유리잔의 감촉과 함께 싱그러운 여름이 입안으로 들어온다. 가끔 손님들에게 맛보이면 홍차냐고 묻는 사람도 있다. 신선함이 물씬 느껴지는 커피 향과 선명한 맛이 머릿속에 또렷이 쿡! 박혀버린다. 외출할 때 챙겨 나가지 못한 날이면 온종일 이 커피가 그립기도 하다.

아이스커피에 비해 음악이 주는 시원한 효과는 조금 다르다. 시원한 음악? 그건 대단히 주관적이고 상대적이다. 시원한 곳에서 들으면 시원하게도 들리는 게 음악이니까. 그런데도 매년 이맘때가 되면 잡지사나 방송사에서 '베스트 오브 서머 뮤직' '더위를 잊어버릴 클래식 10선' '음악으로 피서하기' 등의 제목으로 원고 요청이 들어온다.

클래식에는 계절을 담은 음악이 워낙 많기 때문에 그중에 몇 곡을 추려서 쓰는 것은 별로 어렵지 않다. 이를테면 '국민 클래식 1호'라고 불리는 비발디의 「사계」 중에 있는 여름과 하이든의 오라토리오 「사계」에 나오는 여름 부분이 있고, 피아졸라의 「부에노스 아이레스의 사계」에도 여름이 있다. 어디 그뿐인가 멘델스존의 연극용 음악인 「한여름 밤의 꿈」과 루이 엑토르 베를리오즈(Louis Hector Berlioz, 1803~1869)의 연가곡 「여름밤」, 조지 거슈윈(George Gershwin, 1898~1937)의 오페라 〈포기와 베스〉 중에 나오는 「서머 타임」 같은 곡도 있다.

그런데 과연 이런 곡을 들으면 좀 시원해질까? 음악적 맛과 내용을 알면 그럴 수 있다고 본다. 비발디의 '여름' 제3악장은 바이올린의 질주가 여름날 내리는 소나기처럼 쏟아지는 기분을 느끼게 한다. 하이든이 작곡한 여름의 폭풍우 부분도 마찬가지다. 베를리오즈의 「여름밤」에 나오는 '장미의 정령'도 몽환적인 가사에 취해서 더위를 잊기에 좋은 곡이다.

그런데 더위든 추위든 의식적인 방법으로 물리적인 문제를 피해가려면, 그걸 잊을 만큼 정신적으로 푹 빠져들 수 있어야 한다. 무언가에 정신적으로 빠져드는 능력도 하루아침에 생기지는 않는다. 반드시 시간과 훈련이 필요하다.

베토벤의
커피

내가 사는 통도사 언저리에는 화두(話頭) 하나를 놓고서 한 계절 내내 씨름하는 스님이 많다. 무언가를 부여잡고 몰입할 줄 아는 것은 대단한 능력이다. 나이가 들면 시력과 청력만 떨어지는 게 아니라 몰입 능력도 자꾸 떨어진다. 그러니 근력 운동하듯이 머리와 가슴을 위한 몰입 훈련을 꾸준히 해야 하는데, 그에 관한 한 클래식 듣기만큼 좋은 방법도 없다고 생각한다.

: 더위를 잊게 해주는 취미

무더위를 식혀줄 아이스커피와 아주 잘 어울리는 오늘의 추천 음악은 드보르자크의 「현악 4중주 12번 작품번호 96 '아메리칸'」이다. 1악장 시작 부분에서 싱싱하게 튀어 오르는 멜로디를 들으면, 머릿속으로 시원한 바람이 지나가고 나른했던 몸은 생기를 되찾는다. 이 멋진 곡은 드보르자크가 인생 최전성기에 작곡한 곡이다. 체코 시골의 푸줏간 집 아들로 태어난 드보르자크는 무척 가난한 어린 시절을 보냈다. 브람스는 드보르자크를 음악계에 소개할 때마다 「추천서」에 이 작곡가의 경제적 사정을 특별히 신경 써달라는 당부를 잊지 않았다고 한다.

드보르자크가 「슬라브 무곡」과 「스타바트 마테르」, 오페라 〈루살카〉, 「피아노 3중주 '둠키'」 등으로 점점 명성을 쌓아가고 있을 때 미국의 백만장자 자네트 더비 부인으로부터 솔깃한 제안이 들어왔다. 그것은 새로 설립한 뉴욕음악원의 원장으로 와달라는 것이었다. 일설에 따르면 당시에 드보르자크는 갈까 말까 망설였는데 가족이 강력하게 가기를 원했다고 한다. 이유는 역시 돈이다. 더비 부인이 제시한 연봉이 무려 3만 굴덴이었다. 당시 프라하 음악원에서 드보르자크가 받던 연봉

1,200굴덴의 스무 배가 넘는 파격적인 제안이었으니 가지 않을 도리가 없다. 다행히 미국에 머무르는 3년 동안 드보르자크는 불세출의 명작이라는 「첼로 협주곡」과 「교향곡 9번 '신세계에서'」와 오늘 추천한 「현악 4중주 '아메리칸'」을 썼다.

이 곡은 1악장 첫 소절만 들어도 가슴이 설레기 시작한다. 새벽 공기에 새들이 노래하듯 매끄럽고 화려한 음이 겹쳐진다. 애수로 가득한 2악장의 멜로디는 마치 「신세계 교향곡」의 2악장처럼 이방인의 향수와 동경으로 심장을 채색해나간다. 드보르자크는 미국생활 내내 고향을 그리워했다지만, 그 그리움 때문에 이토록 진한 향수를 담은 2악장이 만들어졌으니 아이러니컬하다. 그 마력은 3악장을 거쳐 4악장까지 지속된다. 이런 곡이 아름답지 않다면 도대체 세상 어디에서 무슨 아름다움을 구할 것이란 말인가?

좋은 음악을 듣고 있노라면 그 때가 온다. 뮤즈의 마법 지팡이가 갑자기 당신의 가슴을 터치한다. 그 순간 뭐라 말로 표현할 수 없는 감정으로 인해 팔에 소름이 돋고 머리털이 곤두선다.

좀 더 직설적으로 말하자면 이 불볕더위에 돌아다녀봤자 신통한 피서법이 없지 않은가. 괜히 집을 나섰다가 딱히 갈 곳이 없어 배회하다 보면, 결국에는 더위에 지치고 돈도 많이 치르게 된다. 차라리 그 돈으로 괜찮은 헤드폰을 하나 사거나 공연장에 가면 어떨까? 인터넷에는 이미 많은 음악 자료가 넘쳐나고 있고 가까운 예술회관에는 좋은 공연도 많아졌다. 아이스커피 한 잔과 몰입할 수 있는 음악 한 곡, 가성비로만 따져도 이만한 피서가 없다.

무언가를 부여잡고 몰입할 줄 아는 것은 대단한 능력이다.
나이가 들면 시력과 청력만 떨어지는 게 아니라
몰입 능력도 자꾸 떨어진다.
근력 운동하듯이 머리와 가슴을 위한 몰입 훈련이 필요한데,
이를 위해서는 클래식 듣기만큼 좋은 방법도 없다.

: 놓칠 수 없는 음반 :

드보르자크 「현악 4중주 12번 작품번호 96 '아메리칸'」 - 에머슨 4중주단

'아, 햇살은 얼마나 아름다운가.' 「아메리칸」 4중주의 악보 제일 마지막 마디에 드보르자크는 이렇게 써놓았다고 한다. 햇볕 좋은 날의 밝음과 따스함이 모두 들어가 있는 곡이다. 아홉 번의 그래미상과 세 번의 그라모폰상을 받은 경력답게 에머슨 4중주단의 연주는 악기 간의 균형이 워낙 뛰어나고 여유도 있다. 커플링된 스메타나 1번도 명곡이다.

드보르자크 「현악 4중주 12번 '아메리칸', 13번」 - 파벨 하스 4중주단

파벨 하스(Pavel Haas, 1899~1944)는 제2차 세계대전 중에 홀로코스트로 희생된 체코의 작곡가로, 그 이름을 딴 체코의 젊은 4중주단이다. 2006년에 데뷔해서 이 음반으로 2011년 그라모폰 올해의 음반상을 거머쥔 후 내놓는 음반마다 계속 화제가 되고 있다. 레오시 야나체크(Leos Janacek, 1854~1928), 베드르지흐 스메타나(Bedrich Smetana, 1824~1884) 등 동구권 레퍼토리가 특히 좋지만, 이 밖에 슈베르트, 세르게이 프로코피예프(Sergei Prokofiev, 1891~1953) 등의 레퍼토리도 좋다.

베토벤의
커피

: 유튜브에서 보고 듣기 :

드보르자크 「현악 4중주 12번 '아메리칸'」 – 노부스 4중주단

바이올리니스트 김재영, 김영욱, 첼리스트 문웅휘, 비올리스트 이승원으로 구성된 국내 최고의 현악 4중주단이다. 2007년 창단하여 10년 넘도록 활동하고 있다. 2012년 ARD 콩쿠르 2위, 2014년 모차르트 콩쿠르에서 1위에 입상하여 진가를 알렸다. 솔로이스트에 비해 전문 실내악단이 적은 우리나라 음악계에 귀감이 된다.

드보르자크 「현악 4중주 13번」 – 마르티누 4중주단

현악 4중주 13번과 14번은 드보르자크가 미국 체류를 마치고 체코로 돌아온 후에 작곡된 말년의 4중주다. 특히 13번은 불꽃 튀는 격정의 세계가 눈부시다. 체코 작곡가의 이름을 딴 마르티누 4중주단의 연주도 아주 좋다.

드보르자크 「피아노 5중주 2번 작품번호 81」 – 헤리에트 크리그(Harriet KriJgh)와 친구들

슈만과 브람스의 피아노 5중주곡을 잇는 명곡이다. 둠카 형식의 2악장이 인기 있는 편이지만, 나는 1악장의 격렬한 맛이 더 좋다. 음반으로 듣겠다면 보로딘 4중주단에 스비아토슬라브 리흐테르(Sviatoslav Richter, 1915~1997)의 피아노가 가세한 음반을 권하겠지만, 영상으로 감상하려면 네덜란드의 젊은 첼리스트 헤리에트 크리그와 친구들이 연주한 것도 괜찮다.

커피는 가장 급진적인 음료수
―― 커피의 혁명성 & 베르디 「노예들의 합창」

: 　　　　카페는 여유로움의 상징이다. 볕 좋은 오후, 한 손에 커피를 들고서 혼자 느긋하게 소파에 기대앉아 있는 모습은 평화로움 그 자체다. 마치 "그래, 세월아, 갈 테면 가려무나……"라고 말하는 것 같다.

　지금은 카페의 역할이 다양해져서 여성들의 사랑방이 되기도 하고, 학생들의 공부방 역할도 하고 〈베토벤의커피〉처럼 문화공간도 된다. 하지만 역사적으로 보면 카페는 원래 '위험한 공간'이었고, 커피는 태생적으로 '불온한 음료수'였다. 커피는 사람들을 모여 앉게 만들고, 깨어 있게 만들고 토론하게 했기 때문이다. 전제군주나 독재자가 가장 싫어하는 세 가지 요소를 커피는 본질적으로 갖고 있었다.

　『커피의 모든 것(*All About Coffee*)』이라는 책에서 저자 윌리엄 우커스는 "커피의 역사에서 가장 흥미로운 점은 커피가 전해 내려오는 곳마다 혁명이 불붙었다는 점이다"라며, "생각하게 만든다는 점에서 커피는 가장 급진적인 음료"라고 썼다.

: 카페는 1페니짜리 대학교

유럽 역사를 보면 커피와 카페 문화는 봉건주의에서 계몽주의로 넘어가는 근대화 과정에서 아주 큰 공을 세웠다. 커피가 급속도로 퍼지기 시작하던 17세기 영국에서는 청교도혁명으로 절대왕정이 무너지고, '명예혁명'과 '권리장전'으로 이어지는 민주주의의 기본 틀이 잡힌다. 그 당시 시민들은 커피하우스에 모여 이에 관한 정보를 얻었고 의견을 나눴다.

이 시기 영국 잡지「태틀러」에는 "무용담과 쾌락, 각종 즐거움에 대한 내용은 '화이트 초콜릿 하우스'의 기사를 통해 알 수 있고, 시는 '윌터 하우스', 그리고 지식인들은 '그레시안'에서 만날 수 있고, 국내외 소식은 '세인트 제임스 커피하우스'에 가면 다 알게 될 것이다"라는 내용이 담긴 기사가 실려 있다. 그래서 카페는 '1페니 대학교'라 불렸다. 1페니로 커피 한 잔만 마시면 여느 대학 못지않은 지식을 채울 수 있다는 뜻이었다. "이처럼 위대한 대학은 어디에도 없을 것이다. 1페니만 지불하면 학자도 될 수 있고, 학생도 될 수 있다네"라고 그들은 노래했다. 라디오도 컴퓨터도 없던 그 시절에 카페는 최고의 지식 창고 역할을 했던 것이다.

사실 프랑스 혁명과 미국 독립운동의 배경에도 커피와 카페가 있었다. 술과 춤으로 흥청대던 선술집 문화에서 이성적 토론을 펼치는 카페 문화로 이동하는 것이 17세기 유럽의 모습이었다. 역사학자 쥘 미슐레

(Jules Michelet, 1798~1874)는 파리 전체가 하나의 거대한 카페가 되었다며 카페 때문에 이전과 아주 다른 풍습이 생겼다고 말한다.

"각성 음료인 커피는 술과 달리 강력한 정신적 자극제가 되어 인식의 명료함을 더해준다. 흐리멍덩하고 우울한 환상에서 벗어나 현실을 직시하게 함으로써 반짝이는 한 줄기 진리를 보게 한다."

파리에 1686년에 문을 연 카페 '프로코프'를 시작으로 카페들이 급속히 생겨났다. 1716년에 600여 개였는데, 1788년에는 그 두 배로 불어났다고 한다. 스티븐 브래드쇼는 『카페 소사이어티』라는 책에서 당시의 파리 풍경을 이렇게 묘사했다.

"자코뱅 지지자라면 '카페 코라자'로 가고, 왕당파는 '부르봉' '미라보' '그랑 아미랄' 같은 카페를 좋아했다. '카페 기베르'는 당통파 소굴이었다. '카페 발루아'에선 혁명 클럽 회원들이 모여 저널을 읽고 있었으며, 과격파들은 '카페 메카니크'에서 만났다."

그리고 1789년 7월 12일에 카미유 데물랭(Camille Desmoulins, 1760~1794)이 '카페 푸아'에서 뚜벅뚜벅 걸어 나와 혁명의 시작을 외쳤다. 그의 외침이 시작되자 시민들은 카페에서 뛰쳐나와 행진을 했고, 이틀 후 바스티유 감옥이 함락되었다. 역사를 바꾼 프랑스 대혁명은 이렇게 카페에서 시작되었다.

미국도 마찬가지였다. 벤저민 프랭클린(BenJamin Franklin, 1706~1790)

이탈리아인들은 "Viva Verdi!"라고 담벼락에 낙서하며
통일에 대한 염원을 나눴다.
이 말은 "베르디 만세!"라는 뜻이지만, 동시에
"이탈리아의 왕 비토리오 에마누엘레 만세!
(Vittorio Emanuele Re d'Italia)"를 뜻하는 약어로도 쓰였다.

제3장
나누다

은 보스턴의 '런던' 커피하우스에서 「미국독립선언문」의 초안을 작성했고, 1776년 필라델피아 대표단이 '포도송이' 커피하우스에서 「독립선언문」을 낭독했다. 이어 1789년에 미국의 초대 대통령 조지 워싱턴(George Washington, 1732~1799)이 첫 당선 소감을 발표한 곳도 뉴욕의 '머천트' 커피하우스였다. 커피하우스는 본질적으로 이성과 감성이 요동치는 공간이었다.

: 노예들의 합창, 이탈리아 혁명의 상징

그러면 음악은? 음악은 무엇을 할 수 있었을까? 김수영 시인의 「풀」에서처럼 가장 빨리 눕고 가장 빨리 일어서는 것이 음악이었다. 고대 그리스 무녀인 시빌라(Sibila)의 노래나 백제의 「서동요」처럼 음악은 시대의 징조를 예언했다.

특히 노래는 힘이 강하다. 노래는 멜로디와 가사가 얽혀 정서를 만들어낸다. 정서는 이론보다도 강한 전염력을 가지고 있어서, 비슷한 상황에 부닥친 사람들을 본능적으로 자극하고 끌리게 만든다. 노래가 입에서 입으로 전파되기 시작하면 그 '정서적 연대'는 걷잡을 수 없이 퍼져서 나중엔 무엇으로도 막을 수 없는 에너지가 된다. 마치 커피가 가진 속성처럼 사람들은 모여 앉아서, 깨어 있는 정신으로, 소리 내어 노래를 불렀다. 그것은 모든 혁명의 시작이자 끝이 되었다.

나라마다 '제2의 국가'처럼 불리는 노래가 있다. 이를테면 한국의 「아리랑」 같은 곡이다. 영국에선 엘가의 「위풍당당 행진곡」에 가사를 붙인 「희망과 영광의 나라(Land of hope and Glory)」가 있고, 미국이라면 「양키 두들(Yankee Doodle)」, 호주라면 「왈칭 마틸다(Waltzing Matilda)」, 중국은 「모리화(茉莉花)」 같은 노래가 아닐까 한다. 그리고 이탈리아에는 「가라, 마음이여, 금빛 날개를 타고서(*Va, pensiero, Sull ali dorate*)」가 있다. 일명 「노예들의 합창」이라고도 하는 이 노래는 베르디가 1842년에 만든 오페라 〈나부코〉 중에 나오는 유명한 합창곡이다.

〈나부코〉는 『구약성서』에 등장하는 바빌로니아의 왕 느부카드네자르 2세(Nebuchadnezzar Ⅱ)를 이탈리아어로 부른 이름이다. 기원전 6세기경에 히브리인들은 강대국인 바빌로니아로 잡혀가서 노예생활을 했다. 억압과 노역에 시달리는 상황 속에서 히브리인들은 유프라테스 강가에 모여 앉아 잃어버린 조국을 그리워하는 슬픔의 노래를 부른다.

"가라, 마음이여, 금빛 날개를 타고서
산과 언덕으로 날아올라라.
조국의 흙 위로 부는 바람은
부드럽고 향기로우리니.
시온성이 우리를 기다리고 있나니.
오, 빼앗긴 아름다운 조국이여.
오, 가슴에 사무치네……"

이 노래는 첫 공연을 준비하는 연습 때부터 사람들의 마음을 울렸다. 오케스트라와 합창단원뿐 아니라 무대 설치 작업을 하는 인부들, 청소하는 사람들까지 모두 일손을 놓고 이 곡에 넋을 잃었다고 한다. 그때까지만 해도 이탈리아는 지금의 형태가 아니라 여러 개의 공국으로 나뉜 형태였는데, 많은 땅이 프랑스와 오스트리아에 지배당하고 있었다.

그 상황 속에서 울려 퍼진 「노예들의 합창」은 독립과 자유를 갈망하던 이탈리아 국민의 마음에 뜨거운 불을 지폈다. 당연히 공연은 대성공이었다. 베르디 자신도 당시에 자식과 아내를 잃고서 실의에 빠져 지내다가, 이 오페라가 성공을 거두면서 다시 힘을 차릴 수 있게 되었다.

이탈리아인에게 베르디의 음악은 곧 애국의 상징이었다. 이탈리아인들은 "Viva Verdi!"라고 담벼락에 낙서하며 통일에 대한 염원을 나눴다. 이 말은 "베르디 만세!"라는 뜻이지만, 동시에 "이탈리아의 왕 비토리오 에마누엘레 만세!(Vittorio Emanuele Re d'Italia)"를 뜻하는 약어로도 쓰였다. 베르디는 한편으로는 이탈리아 국민을 위한 오페라를 쓰고, 다른 한편으로는 이탈리아 해방군에게 직접 군자금을 대면서 통일 운동을 주도했다.

마침내 1859년에 비토리오 에마누엘레(Vittorio Emanuele)의 피에몬테 병합을 위한 국민 찬반 투표가 시행되었다. 실제적인 이탈리아 통일 투표였다. 사람들은 그 당시를 이렇게 회상했다.

"가장 엄숙했던 순간은 베르디를 기다리고 있던 수많은 인파 사이로 그가 나타나서 합창단 앞에 섰을 때였다. 베르디가 투표하기 위해 성당에 들어선 순간 '브라보' 함성이 광란처럼 터져나왔다. 나는 아직도 박수를 치며 '비바 베르디!'라고 외치는 군중 한가운데 있는 것 같다. 이 기억을 떠올릴 때면 내 눈은 눈물로 가득 찬다. 며칠 전만 해도 '수호신' '영광' '조국' '신' '자유 이탈리아' 같은 단어 중 하나만 불러도 불법행위였다……."

결국 1861년에 이탈리아는 그토록 열망하던 통일 왕국이 되었고 영웅이 된 베르디는 국회의원으로 선출되기도 했다.

그 후 베르디는 「리골레토」「일 트로바토레」「라 트라비아타」 등 총 스물여섯 개의 멋진 오페라를 남기고 여든여덟의 나이로 세상을 떠났다. 그가 세상을 떠난 날 이탈리아 일간지들은 1면에 검은 리본을 인쇄해 그의 죽음을 애도했다. 그리고 사후 30일째 되는 추모일에는 아르투로 토스카니니(Arturo Toscanini, 1867~1957)가 지휘하는 라 스칼라 오케스트라와 820명의 합창단과 각지에서 모여든 30만 명의 추모객이 「노예들의 합창」을 따라 불렀다. 지금도 이 노래는 힘든 세상을 살아가는 모든 사람에게 위로와 희망을 주는 합창곡으로 남아 있다.

: 놓칠 수 없는 음반 :

베르디 「나부코」 – 플라시도 도밍고, 피에로 카푸칠리, 예브게니 네스테렌코(Evgeny Nesterenko), 베를린 도이치오퍼/주세페 시노폴리(Giuseppe Sinopoli)

시노폴리는 파도바대학에서 의학을 공부한 의사였다. 그러나 틈틈이 작곡과 지휘를 공부하여 마침내 지휘자로 유명해졌다. 1980년부터 런던 필, 드레스덴 슈타츠카펠레를 거치면서 왕성한 활동을 하더니 2001년에 지휘 도중 심장마비로 떠났다. 이 음반은 쉰다섯의 나이로 무대에서 급사한 명지휘자 시노폴리를 추억할 수 있는 음반이기도 하지만 최고의 「나부코」 음반이기도 하다.

베르디 「합창곡 집」 – 베를린필/클라우디오 아바도

베르디의 오페라에는 유명한 아리아도 많지만, 멋진 2중창과 4중창도 많다. 또한 대규모 군중이 등장하는 장면에서 쏟아져나오는 합창의 위력도 대단하다. 시중에는 게오르그 솔티(Georg Solti, 1912~1997), 클라우디오 아바도(Claudio Abbado, 1993~2014), 리카르도 무티(Riccardo Muti) 등이 지휘한 합창곡만 모아놓은 음반들이 있다. 이런 음반을 듣고 있으면 오페라에서 합창의 힘이 얼마나 강력한지 새삼 느끼게 된다.

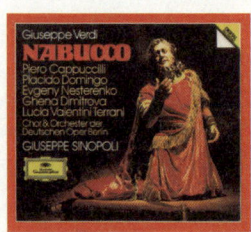 

: 유튜브에서 보고 듣기 :

베르디 「나부코」 '가라 마음이여 금빛 날개를 타고' – 라 페니체 오케스트라와 합창단 / 존 엘리어트 가디너

언제 들어도 마음이 숙연해지는 곡이다. 화질, 음질, 연주 모두 나무랄 데 없는 영상으로 2013년 베네치아 라 페니체 공연 실황이다.

베르디-나부코

베르디 「일 트로바토레」 중 「대장간의 합창」 – 로열오페라오케스트라 / 지아난드레아 노세다(Gianandrea Noseda)

오페라 〈나부코〉의 「노예들의 합창」, 〈아이다〉의 「개선행진곡」과 함께 가장 인기 많은 베르디 합창곡이다. 로열오페라가 2017년에 내놓은 작품의 한 장면으로, 무대 배경을 현대의 집시 사회로 이동시킨 것을 볼 수 있다.

베르디-대장간의합창

엘가 「위풍당당 행진곡」 – BBC 필하모닉 / 사카리 오라모(Sakari Oramo)

2014년 영국 BBC Proms의 하이라이트인 마지막 날 밤 공연에선 어김없이 이 곡이 연주됐다. 이 곡에서 발췌하여 만든 곡이 제2의 영국 국가라 할 수 있는 「희망과 영광의 나라」다.

엘가-위풍당당행진곡

매너가 사람을 만든다
─── 교양의 목표 & 멘델스존 「무언가」

: 　　　　내가 싫어하는 말 가운데 하나가 '손님은 왕이다'
다. 21세기에 무슨 왕 타령이란 말인가. 삐딱한 심사인지는 모르겠지
만, 왠지 '돈 내는 사람이 최고'라는 식으로 들려 거슬린다. 도대체 이
런 말은 어디서 시작된 것일까? 궁금한 건 못 견디는 성격이라서 자료
를 찾아보았다. 근대 호텔의 아버지로 불리는 세자르 리츠(Cesar Ritz,
1850~1918)가 1898년 프랑스 파리에서 첫 리츠 호텔을 개관하면서 내
세운 슬로건의 하나로 '고객은 항상 옳다(Guest is always right)'고 한 말에
서 비롯되었다는 설이 있다. 그러나 이때 세자르가 한 말은 경영자가
가져야 할 자세를 강조한 것이지 결코 손님들이 무례하게 굴어도 괜찮
다는 말을 한 것이 아니다.

　모든 업종마다 무례한 손님 때문에 주인이 마음을 많이 다친다. 항공
사에는 땅콩 하나를 잘못 서비스했다는 이유로 비행기를 돌리라는 손

님이 있었고, 백화점에는 물건을 교환해주지 않는다고 종업원을 무릎 꿇리고 때린 손님도 있었다. 심지어 절집에도 점심에 나온 나물이 질기다는 둥 타박을 일삼는 무례한 신도가 있어 스님을 곤혹스럽게 한다는 소리도 들린다. 이른바 '진상' '블랙 컨슈머' 등으로 불리는 손님들, 사람 사는 곳에는 어디나 있다. 당연히 카페에도 있다.

: 손님은 손님답게, 주인은 주인답게

카페 주인이 힘들어하는 손님도 유형별로 다양하다. 들어오자마자 메뉴판을 보며 "어? 해운대 카페보다 비싸네"라고 말한다. 순간 아내와 나는 눈으로 이야기한다. "아, 힘든 손님이구나." 이 커피가 어떤 생두를 썼는지, 언제 볶았는지, 어떤 식으로 내리는지에는 관심이 없다. 그 손님에겐 단지 500원의 차이가 중요했다. 이럴 땐 뭐라 대꾸하고 싶은 의욕이 사그라진다. 심지어 먹을 것을 싸 들고 들어와서 주인에게 양해를 구하지도 않고 당연하다는 듯이 개인 접시와 포크를 인원수대로 달라고 하는 사람도 있다. 음식점에 도시락을 들고 가서 먹으면서 앞접시와 물을 달라고 하는 것과 같다.

어떤 때는 여덟 명이 들어와서 넉 잔만 시키는 경우도 있다. "카페는 음료를 파는 곳이지만, 동시에 공간을 파는 장소이기도 하답니다. 이 자리를 위해 많은 돈을 지급하며 유지하고 있답니다. 그러니 입장료라 생각하시고 한 사람당 한 잔씩 주문하는 것이 카페의 매너랍니다"라는 얘기를 구구절절 읊을 수는 없지 않은가. 가끔은 금방 밥을 먹고 와서 "배가 불러 못 마시겠어요"라고 하는 사람도 있다. 인정 없이 들리지만 그런 분은 카페가 아니라 공원의 벤치에 가서 앉아 있어야 한다.

더 황당한 것은 어린이를 동반한 손님이다. 뛰어다니는 자신의 아이를 조용히 시킬 생각은 않고 내게 "사장님! 애 좀 때찌 해주세요"라고 한다. 내가 왜 그 아이를 때찌해야 하지? 더 놀라운 건 아기 기저귀를 갈고 난 뒤, 커피를 마신 테이블 위에 그냥 올려놓고 가버린 경우도 있었다. 참 믿기 힘든 일이지 않은가.

그러나 음악평론가로서 카페에서 느끼는 가장 힘든 문제는 소음이다. 이건 강의를 하기 위해 KTX를 타고 다닐 때 항상 겪는 문제와 다르지 않다. 대화의 목소리가 유달리 큰 승객이 타는 경우가 있는데, 이것까지는 그러려니 한다. 선천적으로 목청이 큰 것을 어쩌겠는가. 그런데 아예 스피커폰을 켜놓고 통화하는 손님도 있고, 시끄럽게 영상통화를 하거나 동영상을 틀어놓고 웃는 경우 등 소음 공해의 종류는 다양하다. 다른 테이블의 손님을 위해서 주의를 주긴 하지만 그럴 때마다 뒷맛이 씁쓸하다.

카페를 운영하는 사람들끼리 이런저런 얘길 하면 밤을 새워도 모자란다. 그런데 카페뿐만 아니라, 모든 업종에서 이런 일을 겪고 있다. 얼마 전에 펜션을 운영하는 지인이 SNS에 올린 글을 읽었는데, 카페는 명함도 못 내밀 정도로 상상을 초월한 손님이 많았다. 공연장은 또 어떠한가. 공연장 스태프의 얘기를 들으면 이건 뭐, 거의 '극한직업'이라고 할 수밖에 없을 정도로 다양한 일이 끊이질 않는다.

: 백 번 강조하고 싶은 공연장 매너

공연장에서도 가장 마음 다치는 일은 휴대폰 때문이다. 공연 전에 아무리 꺼두라고 안내해도 말을 안 듣는 사람이 있다. 연주자가 온 힘을 다해 집중하는 부분에서 울리는 휴대폰 벨소리는 분명히 테러에 가깝다. 이밖에도 뒤늦게 자리를 비집고 들어오는 사람과 지나친 향수 냄새를 풍겨 머리를 아프게 하는 사람, 가방에서 뭔가를 계속해서 뒤적거리는 사람에 이르기까지 행복한 감상을 깨뜨리는 유형은 많다. 얼마 전에도 유명 피아니스트의 공연을 보고 온 단골손님이 자신의 SNS에 어린이를 데리고 온 관객 때문에 감상을 망쳤다며 분노에 찬 글을 올린 것을 봤다. 성격 예민한 내 친구는 이런 이유로 마음을 다친 후 공연장을 피하고 오디오의 세계에 틀어박혀버렸다.

지난 달 모 공연장에서는 어린아이들 때문에 공연 내내 힘들었다며 거세게 환불을 요구하는 관객을 보았다. 음악회는 절대적으로 청중의 침묵을 요구한다. 산만한 아이들은 휴대폰에 버금가는 주의 대상이다. 이 때문에 어린이를 위한 음악회가 아닌 대부분의 음악회는 초등학교 재학생 이상으로 청중을 제한한다.

그런데 마치 휴대폰을 꺼두라는데도 악착같이 끄지 않아서 문제를 만드는 사람이 있는 것처럼, 이 규칙에 아랑곳하지 않는 부모도 있다. 아이의 나이를 속이는 부모도 있고 우리 아이는 괜찮다고 하면서 우기는 부모도 있다. 이렇게 해서 들어온 아이를 지켜보면 대부분의 경우 괜찮지 않다. 심지어는 부모도 힘들어 한다. 아이가 연주 중에 계속 두리번거리기도 하고, 앞좌석을 발로 차기도 하며 부모에게 끊임없이 질문하고 칭얼거리며 휴대폰을 열어보기도 해서 주위에 앉은 사람의 행복한 시간을 방해한다.

타고난 음악 천재가 아닌 이상 8세 미만 아이에게 두 시간에 이르는 시간 동안 묵언 수행하라는 것은 지나친 욕심이다. 부모의 탁월한 통제

덕분에 끝날 때까지 별 문제 없이 견뎠다고 하더라도 아이는 공연장에 대한 기억이 좋지 않게 남을 것이다. 너무 이른 조기교육을 하면 오히려 역효과가 날 수 있다는 이야기다.

: 살아가는 기쁨은 생활 속 디테일에 있다

이렇게 써놓고 보니 성격이 괴팍한 카페 주인으로 보일지 모르겠다. 세상살이 다 그런 거지 뭘 그렇게 투덜거리느냐고 좀 너그러워지라고 할지도 모르겠다. 그런데 그렇지 않다. 살아가는 기쁨은 커다란 이념에 있는 것이 아니라 매일 반복되는 생활 속 디테일에 있다. 하루가 쌓여 1주일이 되고 한 달이 되고 1년이 되는 것이다. 그래서 하루하루 일상이 아름답기 위해서는 서로가 기본적인 매너를 지켜야 한다. 민폐를 끼치지 말아야 한다.

영화 〈킹스맨〉에서 주인공이 한 말인 "매너가 사람을 만든다(Manners Maketh Man)"는 우리 사회에서 정말 필요한 덕목이다. 교양이란 게 별 것 아니다. 그 시간과 장소에 필요한 매너를 알고 행하는 것이 진짜 교양이며, 그런 사람을 일컬어 우리는 교양인이라 부른다.

음악가 중에 최고의 교양인을 꼽으라면 아마도 멘델스존이 아닐까 한다. 그는 부유하고 넉넉한 집안에서 태어났다. 물론 가문이 좋고 돈이 많다고 해서 교양인이 되는 건 아니다. 멘델스존은 어릴 적부터 음악뿐 아니라 수영, 승마, 미술에다 문학, 역사, 철학에 이르기까지 폭넓은 지식을 쌓으며 교양을 겸비했다. 그는 헤겔(Georg Wilhelm Friedrich Hegel, 1770~1831)을 찾아가 철학을 배웠고, 괴테를 만나 문학을 배우고자 했다. 그리고 유럽 각지를 여행하면서 실제 경험을 음악 속에 녹여

담아내기도 했다. 「핑갈의 동굴」「교향곡 3번 '스코틀랜드'」「교향곡 4번 '이탈리아'」「교향곡 5번 '종교개혁'」 같은 곡이 모두 여행 중의 경험으로 만든 곡이다.

멘델스존은 짧은 생애 동안 놀라울 정도로 많은 일을 했다. 사람들에게 완전히 잊힌 채로 있던 바흐의 「마태수난곡」을 발굴해서 다시 지휘한 사람이 멘델스존이었다. 스물여섯 살의 젊은 나이로 라이프치히 게반트하우스 오케스트라의 지휘자가 되었으며, 1843년에 라이프치히 음악원을 설립한 사람도 멘델스존이었다. 모든 조건이 완벽했고 거기에 천재적 재능과 열정까지 갖춘 멘델스존에게 신이 허락하지 않은 유일한 한 가지가 있었다. 그건 수명이었다. 멘델스존은 너무나 사랑했던 누나가 죽은 후 그 충격 때문이었는지 이듬해 뇌졸중으로 갑자기 세상을 떠났다. 그의 나이 서른여덟 살 때였다.

나는 오늘 카페에 온 손님들에게 멘델스존이 남긴 많은 명곡 중에서 특별히 「무언가(無言歌)」를 소개하고 싶다. '무언가(Lieder ohne Worte)'는 '말이 없는 노래'라는 뜻이다. 즉 노래 가사 없이 피아노로만 노래하는 작품이다.

모두 8집, 마흔아홉 곡으로 이루어져 있는데 1~6집까지는 멘델스존이 살아 있을 때 출판되었고, 7집과 8집은 죽은 뒤에 출판되었다. 그중에서도 세 개의 「베니스 곤돌라의 노래」(Op.19-6, 30-6, 62-5)와 「사냥의 노래」(Op.19-3), 「실 잣는 노래」(Op.67-4), 「봄노래」(Op.62-6) 등이 유명하다. 한국의 백건우를 비롯하여 다니엘 바렌보임, 안드라스 쉬프, 머리 페라이어(Murray Perahia) 같은 연주자들이 남겨놓은 음반이 시중에 나와 있다.

사람들에게 완전히 잊힌 채로 있던
바흐의 「마태수난곡」을 발굴해서
다시 지휘한 사람이 멘델스존이었다.
스물여섯 살의 젊은 나이로
라이프치히 게반트하우스 오케스트라의
지휘자가 되었으며,
1843년에 라이프치히 음악원을
설립한 사람도 멘델스존이었다.

노래이되 가사가 없으니 가사를 머릿속으로 그리게 된다. 멘델스존도 비슷한 심정으로 곡을 써나가지 않았을까 생각한다.

사람의 마음도 말 없는 노래처럼 서로 소통할 수 있으면 얼마나 좋을까? 매너니 교양이니 하는 이런저런 설명 없이도 음악처럼 흘러가는 세상……. 오늘 손님들에게 「무언가」를 들려주며 그런 세상을 꿈꿔본다. 아마도 인간의 영원한 이상향일 뿐이겠지만.

: 놓칠 수 없는 음반 :

멘델스존 「무언가」 – 안드라스 쉬프

안드라스 쉬프가 1984년에 녹음한 음반이다. 그는 연대순이 아니라 감정적인 순서로 곡을 배치하고 연주했다. 그의 연주는 섬세하면서도 민첩하다. 정말 피아노로 노래를 부르는 것 같다. 이 음반에는 쉬프가 연주한 멘델스존의 「피아노 협주곡」도 함께 수록되어 있다.

멘델스존 「무언가」 – 로베르토 프로세다(Roberto Prosseda)

이탈리아의 피아니스트 로베르토 프로세다는 멘델스존 전문가로 이름 높다. 2014년에 프랑스 르 몽드 '올해의 앨범'과 영국 「클래식 FM」 매거진의 '이달의 앨범'에 선정됐다. 작년에는 멘델스존의 피아노곡 전곡을 담은 아홉 장의 음반을 출시했다. 다른 연주에 비해 명암이 진한 노래를 부른다.

 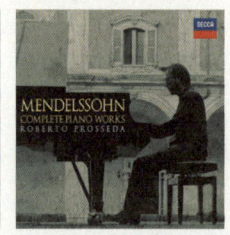

: 유튜브에서 보고 듣기 :

멘델스존 「무언가 작품번호 30-6」 - 로베르토 프로세다

「무언가」에 들어 있는 세 개의 베네치아 뱃노래 중 하나다. 〈Once〉라는 영화 속에서 가난한 피아니스트가 이 곡을 연주하는 장면이 있다. 듣고 있던 남자가 감탄한다. "휴! 죽이는군. 당신이 작곡한 거야?" 피아니스트가 대답한다. "설마, 이건 멘델스존의 곡이야."

멘델스존 「피아노 트리오 1번 2악장」 - 케빈 케너(Kevin Kenner), 정경화, 양성원

멘델스존 「무언가」를 연주하고 있는 피아노 옆에 조용히 바이올린과 첼로가 다가서서 어울리고 있는 듯한 트리오의 모습이다. 특히 1번 2악장이 그렇다. 실내악을 듣는 기쁨이 이런 것이다.

멘델스존 「현악 8중주 작품번호 20」 - 빌데 프랑(Vilde Frang), 율리안 라흘린(Julian Rachlin) 등

멘델스존 실내악의 가장 복잡한 세계인 현악 8중주까지 들어보길 권한다. 바이올린 네 대, 비올라 두 대, 첼로 두 대가 숨 쉴 틈 없이 서로를 몰아붙인다. 이런 곡을 열여섯 살에 썼다니 믿어지지 않는다. 천재에게 경의를!

겨울밤을 지키는 낮고 따스한 소리
──────── 아메리카노&찰리 헤이든「미주리 스카이」

: 　　　　　　손님들이 커피잔을 두 손으로 감싸 쥐고 커피를 마시기 시작했다. 양손에 들어오는 잔의 온기와 그 손을 타고 올라오는 커피의 향기로운 김을 코로 맡기도 한다. 손님이 지금 "아, 따뜻해!"라고 속말을 하는 것이 내게 그대로 전해진다. 그래, 이제 겨울이 온 것이다. 카페의 겨울은 손님들이 커피잔을 잡는 모습이 바뀌면서 시작된다. 이렇게 두 손으로 잡고서 차가운 손도 녹여가며 홀짝홀짝 마시는 커피, 그건 뭐니 뭐니 해도 아메리카노가 제격인 것 같다.

: 미국 독립운동사와 아메리카노 스타일

커피 마니아들은 아메리카노 스타일을 무시하는 경향이 있다. 그러거나 말거나 아메리카노는 카페 매출의 절반 이상을 차지하는 중요한 메뉴. 내 카페뿐 아니라 다른 카페도 마찬가지며, 한국인이 가장 많이 마시는 커피 스타일이 아메리카노다.

그런데 아메리카노라는 건 언제부터 생겨난 것일까? 기록을 추적해 보면 1773년 12월 16일 미국 보스턴 항구에서 벌어진 역사적 사건까지 거슬러 올라간다. 당시 영국 식민지이던 미국에 들어오는 차(茶, Tea) 무역은 모두 영국이 독점하고 있었다. 영국은 차에 많은 세금을 부과해서 이익을 키우려 했고, 당연히 미국인들은 과도한 세금에 분노했다. 결국 어느 날 밤에 미국인들이 인디언으로 변장해서 보스턴 항구에 정박해 있던 차 무역선을 습격해 배에 실려 있던 홍차를 모두 바다에 던져버리고 말았다. 그것이 미국 독립의 기폭제가 되었다는 '보스턴 티 파티(Boston Tea Party)' 사건이다.

이 여파로 그때까지 즐기던 홍차의 수급이 어려워지자 차 대신에 커피 문화가 퍼져갔다. 그런데 미국인의 입맛엔 이탈리아풍의 진한 커피가 입에 맞지 않았다. 그래서 커피에 물을 많이 타서 차처럼 마시기 시작했다. 빵이나 과자도 곁들여가면서 말이다.

이런 연한 커피는 제2차 세계대전에 참전한 미국 병사들에게까지 이어져 내려갔다. 미국인들이 마시는 홍차 같은 커피 스타일을 이탈리아나 에스파냐 등지의 사람들은 도저히 이해할 수 없었다. 아니, 커피 맛을 모욕하는 그들의 행태를 참을 수가 없었다는 게 더 정확한 말이겠다. 그래서 지금도 이탈리아의 유명 레스토랑에 가서는 아메리카노를 시키지 말라는 말이 있을 정도다. 아무튼 이런 스타일의 커피를 '아메리카노'라고 부르게 되었다고 한다. 이 말에는 커피 맛에 대해 아무것도 모르는 미국 녀석들의 커피라는 비아냥거림이 숨어 있었다.

제1·2차 세계대전 이후 미국의 힘이 엄청난 기세로 커져서 그와 함께 미국 문화도 전 세계로 확산해갔다. 대표적인 것이 청바지와 록 음악, 할리우드 영화 같은 것이었고 그런 상품들과 함께 아메리칸 스타일의 커피도 미국 문화의 일부분이 되어 유행처럼 퍼져나갔다. 그리고 마침내 오늘날, 스타벅스로 대표되는 미국의 대형 커피 체인점들이 전 세계를 뒤덮어가는 상황이 되면서 특히 미국 문화가 많이 들어와 있는 대한민국은 '아메리카노'를 국민 커피의 반열에 올려 "아메리카노~ 좋아~ 좋아~" 하는 노래까지 나오게 된 것이다.

적어도 한국 카페에서만큼은 아메리카노가 그 집 커피 맛의 기준이 되었다. 이건 마치 중국집이라면 일단 짜장면과 짬뽕 맛이 기본이 되는 것과 비슷한 이치다. 사실 아메리카노 커피의 레시피는 별것 없다. 에스프레소 원 샷에 그보다 많은 양의 뜨거운 물이 들어가는 것이다. 가게마다 약간씩 다른데, 내 카페에서는 원 샷 기준에 200밀리미터의 물을 사용한다. 다른 카페와 다른 점이 있다면, 핸드드립에도 사용하는 중간 정도로 볶은 원두를 블렌딩해서 아메리카노를 내리고 있다는 것이다. 신맛을 좋아하는 나는 예가체프 계열의 원두를 다른 곳보다 조금 더 넣는 편이다.

이렇게 간단해 보이는 아메리카노도 카페마다 맛이 다르다. 어느 급의 원두를 사용하는지, 어떤 원두를 몇 가지로 블렌딩했는지, 어느 정도 볶은 원두를 쓰는지, 얼마나 신선한 원두를 사용하는지에 따라 맛 차이가 크게 난다. 나 역시 과거에는 다른 카페에 가서 에스프레소를 마셔보며 그 집 커피를 평가했는데, 요즘은 일단 아메리카노를 먼저 마셔본다. 찬바람을 헤치고 카페에 들어갔을 때 내 마음에 드는 아메리카노를 만나면 몸이 나른해지면서 마음도 따뜻해진다. 그 집의 음악까지 마음에 든다면 더 바랄 나위가 없다.

: 베이스, 겨울의 악기

몇 년 전 겨울에 강원도 화천에 간 적이 있다. 꽁꽁 얼어붙은 강이 하도 맑아 얼음판 위에 살며시 발을 디뎌보았다. 그 고즈넉한 강 위에서 얼음이 어는 소리인지 터지는 소리인지 모를 소리가 계속 들렸다. '쩌엉~뚜웅~' 하는 둔탁한 저음이었다. 처음에는 그 얼음 소리가 무서워 다리에 힘을 주고 서 있었지만, 계속 서 있다보니 저음의 그 소리야말로 겨울의 냄새 같았다. 악기로 치면 첼로나 더블베이스의 소리다. 봄날의 설렘, 여름의 찬란함, 가을의 향수, 이제 그런 것을 모두 흘려보내고 비워놓은 자리. 거기에는 낮고 깊은 소리가 필요하다.

'그래, 이럴 때는 따뜻한 난로 앞에 앉아 베이스 연주를 들어야 해. 그것도 재즈로 들어야 제맛이지!' 지미 블랜튼(Jimmy Blanton, 1918~1942), 오스카 패티포드(Oscar Pettiford, 1922~1960), 레이 브라운(Ray Brown, 1926~2002), 찰스 밍거스(Charles Mingus, 1922~1979), 폴 챔버스(Paul Laurence Dunbar Chambers Jr., 1935~1969), 스코트 라파로(Scott LaFaro, 1936~1961), 론 카터(Ron Carter)……. 수많은 베이시스트가 재즈 역사를 장식해왔지만 나는 역시 찰리 헤이든(Charlie Haden, 1937~2014)이 가장 좋다. 찰리 헤이든과 기타의 달인 팻 메스니(Pat Metheny)가 만든 음반 「미주리 스카이(Beyond the Missouri Sky)」를 꺼낼 수밖에 없다.

내게 이 음반을 소개한 사람은 재즈평론가로 유명한 황덕호다. 그와 나는 1990년대 초에 첫 직장의 선후배 사이로 만났다. 나는 클래식 담당이었고, 그는 팝과 재즈 담당자였다. 첫 직장에서 맡았던 일이 평생의 밥벌이가 될 만큼 둘은 이후에도 음악과 함께 살아왔다. 재즈에 관한 한 덕호만큼 해박한 지식과 살가운 이야기로 음악을 풀어내는 사람을 보지 못했다. 그와 음악 얘기를 나누다보면 늘 밤과 술이 모자랐다. 지금까지 둘이서 마신 술을 다 합하면 웬만한 주점 하나는 너끈히 차릴 수 있을 정도의 양일 것이다. 시골에 내려와서 아쉬운 것이 있다면 술과 음악 얘기가 고플 때 덕호가 옆에 없다는 것이다.

내가 음악기자 생활을 그만두고 카페를 운영하며 글을 쓰던 어느 겨울밤에도 같이 술을 마셨다. 술에 취해 집으로 돌아가는 길에 덕호가 마치 무슨 마약 거래를 하듯이 가방에서 이 음반을 건네줬다. "형! 이거 오늘 같이 들으려고 가지고 온 건데, 나중에 들어봐. 정말 끝내줘." 덕호가 돌아간 후, 나는 아무도 없는 카페에서 그 음반을 걸었다. 느릿느릿 나부끼는 기타 선율 사이로 마치 군청색 잉크 방울 같은 베이스 음이 떨어져 내렸다. 저 따뜻하고 아득한 음의 여백들……. 나는 의자에 앉은 채로 태아처럼 몸을 말고서 음악 속으로 가라앉았다. 그건 확실히 최고의 마약이었다. 아울러 그날 다짐했다. 세월이 흐르고 세상이 변한다 해도 오늘 이런 음반을 소개해준 황덕호의 공은 절대 잊지 않으리라.

: 진정한 것들은 담담하고 따뜻하다

그리고 덕호는 나중에 음반 하나를 더 들고 왔다. 「스틸 어웨이(Steal away)」라는 제목의 찰리 헤이든과 피아니스트 행크 존스의 듀오 앨범이었다. 행크 존스는 1918년생이며 아흔둘의 나이로 2010년에 세상을 떠났다. 찰리 파커, 레스터 영, 캐논볼 애덜리 등 재즈의 전설적인 연주

봄날의 설렘, 여름의 찬란함, 가을의 향수.
이제 그런 것을 모두 흘려보내고 비워놓은 자리.
거기에는 낮고 깊은 소리가 필요하다.

제3장
나누다

"우와~, 우주 정거장 온 거 같아."
영락없는 '덤 앤 더머'다.
— 황덕호와 부산 해운대 빌딩 숲에서

자들과 같이 연주해온 명인인데 이 음반은 그가 일흔여섯 살, 헤이든이 쉰일곱 살 때 만든 음반이다. 관록이 그대로 묻어나는 연주란, 이럴 때 쓰는 말일 것이다.

잘 알려진 대로 헤이든은 재즈의 투사였다. 그는 이미 1960년대에 '해방 음악 오케스트라'라는 밴드를 조직해서 반제국주의 운동에 참여했다. 세계 각지를 돌며 베트남 전쟁과 에스파냐 내전, 인종차별에 대해 음악으로 항거했다. 1969년 포르투갈 공연 때는 당시 포르투갈에 저항하던 앙골라와 모잠비크 사람들을 위한 노래를 만들어 불렀다가 경찰에 잡혀 들어가기도 했는데, 그즈음에 만든 노래가 「Song for Che」, 말 그대로 「체 게바라를 위한 노래」였다.

막강한 운동 경력을 가진 헤이든답게 이 음반도 흑인영가와 오래된 저항 노래, 민요가 담겨 있다. 「때때로 나는 고아처럼 느껴져요」같이 모두 슬프고 아픈 역사를 가지고 있는 곡들인데, 신기한 것은 두 사람의 연주가 담담하면서도 따뜻하게 흘러간다는 것이다. 거기엔 마치 모닥불 곁에서 수프 한 그릇을 나눠 먹고 잠이 든 것 같은 관조와 위안과 향수가 들어 있다.

아마도 그들이 재즈의 백전노장이자 늙은 투사이기 때문이 아닌가 하는 생각이 들었다. "왕년에 내가……" 하면서 제 잘난 얘기만 하는 강퍅한 투사가 아니라 콧노래를 흥얼거리며 눈주름 가득한 미소를 건네는 인자한 투사들, 그들이 함께 부르는 노래이기 때문이리라.

오늘 나 역시 아메리카노 한 잔을 두 손으로 쥐고, 옛 음반을 다시 들으며 생각한다. 나이 들어가면서 내 모습이, 내 강의가, 내 글이 저들의 음악 같이 따뜻하게 흘러가야 할 터인데……. 아직 갈 길이 멀구나.

: 놓칠 수 없는 음반 :

「미주리 스카이(Beyond the Missouri Sky)」 - 팻 메스니, 찰리 헤이든

미주리주는 헤이든과 메스니가 어린 시절을 보낸 곳이다. 그래서 이 음반은 '어린 시절'을 이루는 소재인 부모, 아내, 달빛, 빗방울, 그리고 그것들을 둘러싼 모든 기억이 들어 있다. 아무리 보아도 질리지 않는 영화 〈시네마 천국〉의 유명한 테마도 적적한 멜로디로 편곡해놓았다. 일찍이 모차르트가 말했다. 우리는 실상 음을 듣는 게 아니라 음과 음 사이의 여백을 듣는 것이라고.

「녹턴(Nocturne)」 - 곤잘로 루발카바(Gonzalo Rubalcaba), 조 로바노(Joe Lovano), 찰리 헤이든 등

라틴 아메리카의 볼레로를 유럽의 녹턴 정서와 융합시켜놓은 곡들이 담겨 있다. 전통 춤곡을 재즈풍의 야상곡으로 바꿔놓았다는 말인데, 그 편곡의 묘미나 낭만적 정취가 일품이다. 밤에 와인 한 병 놓고 듣기에 그만이다. 너무 낭만적으로 몰고 가는 바람에 약간 느끼한 맛이 난다고 할 정도다.

: 유튜브에서 보고 듣기 :

「루스에게(for Ruth)」- 찰리 헤이든, 팻 메스니

2003년 독일 부르크하우젠에서 열린 공연 실황이다. 루스는 찰리 헤이든의 아내 이름이다. 참고로 헤이든과 루스 사이에서 태어난 네 명의 아이들(1남 3녀)은 모두 음악가로 자랐다.

「바다는 얼마나 깊은지(How Deep is the Ocean)」- 찰리 헤이든, 키스 재릿(Keith Jarrett)

피아니스트 재릿과 헤이든의 음반도 유명하다. 이 영상에서는 마치 클래식계의 글렌 굴드처럼 악명 높은 키스 재릿의 허밍을 들을 수 있다. 원래 어빙 벌린(Irving Berlin, 1888~1989)이 작곡한 곡인데 노래 버전으로 듣고 싶다면 독 치트햄(Doc Cheatham, 1905~1997)이 부른 노래를 권한다.

「던져버려(Throw It Away)」- 에스페란차 스팔딩(Esperanza Spalding)

베이스 연주자 얘기가 나온 김에 현재 가장 인기 있는 젊은 베이시스트 한 명을 소개한다. 스팔딩은 1984년 미국 오레건주 포틀랜드 출신으로 어릴 적부터 음악 신동 소리를 들어왔다. 2011년에 재즈 뮤지션 최초로 그래미 신인상을 받더니, 2013년에는 그래미 최우수 재즈 보컬상까지 거머쥐었고 2017년엔 하버드음대 교수가 되었다. 애비 링컨(Abbey Lincoln)의 명곡을 더블베이스를 직접 퉁겨가며 부르는 실력에 입이 딱 벌어진다.

좋은 사람을 만날 수 있는 곳
―――― 카페의 조건 & 슈만 「피아노 4중주」

: 새벽에 미요 때문에 깨고 말았다. 미요는 우리 집 고양이 이름이다. 우리 부부가 생활하는 공간에는 '미요'와 '미타'라는 두 마리의 고양이가 함께 살고 있고 아래층 카페 뒷마당에는 길고양이 리오, 탱고, 룸바 세 마리의 고양이가 있다. 무려 다섯 마리의 고양이, '오냥이'의 집사이니 나도 꽤 심각한 고양이 족인 셈이다. 영화 〈사운드 오브 뮤직〉 중에 「내가 좋아하는 것들(My Favorite Things)」이라는 노래는 '장미꽃에 맺힌 빗방울과 아기 고양이의 수염(Raindrops on roses and whiskers on kittens)'이라는 가사로 시작한다. 그리고 일상을 채우는 작고 귀한 것들을 나열한 후 "개에게 물리거나, 벌에 쏘이거나, 아무튼 슬퍼질 때, 내가 좋아하는 것들을 떠올리면 슬픔이 사라지지"라고 맺는다.

고양이 수염의 그 까칠하면서도 부드러운 느낌은 고양이를 안아본 사람만 알 수 있다. 미요와 미타는 매일 아침에 잠 많은 아내 곁에 앉아

제3장
나누다

서 '엄마'가 깨길 기다린다. 무척 서운한 일이지만 미요, 미타는 우리 집에 큰 고양이 엄마와 사람 집사 한 명이 있다고 생각하는 듯하다. 착한 엄마인 아내는 잠이 덜 깬 상태에서도 손을 뻗어 고양이들을 쓰다듬어 준다. 그러면 고양이는 특유의 '골골송'으로 좋아라 화답한다. 이런 풍경은 정말이지 확실한 행복의 맛이다.

어제는 카페 영업이 끝난 후 저녁을 먹으며 슈만의 실내악을 들었다. 오랜만에 듣는 슈만의 곡이 너무 좋아서 여러 연주자의 버전으로 듣고 있는데 고양이들이 모두 들어와서 "어이, 집사, 이건 무슨 음악이야?" 하고 묻는 듯한 표정으로 발라당 누워 있었다. 인생의 빛나는 순간은 바로 이런 시간인 것 같다.

: 카페를 운영하고 싶으세요?

카페를 운영한다는 것은 그저 단순히 커피를 내리는 일만 하는 곳이 아니다. 카페에 있다보면 많은 손님이 자기 아내나 자녀가 카페를 열고 싶어한다면서 커피 내리는 법과 커피 머신의 종류 등을 묻고는 한다. 그럴 때면 옆에서 아내가 조용히 되묻는다. "카페를 열고 싶다는 분이 혹시 책 읽고 음악 듣는 거 좋아하세요?"

아내는 정말 중요한 걸 묻고 있는 것이다. 카페는 음료나 케이크를 파는 곳이라 생각할 수 있지만 실제 상황으로 들어가면 무엇을 파는가보다는 그 공간과 시간을 지켜낼 수 있는 자질이 정말 중요한 변수가 된다. 갇힌 공간 속에서 온종일 시간을 보내야 한다. 유동 인구가 많은 도심 지역은 다르겠지만, 웬만한 카페는 손님이 많아서 바쁜 때도 있지만 손님이 없어서 한가한 시간도 빈번하다. 이 한가한 시간을 버텨내려면 책도 읽고 글도 쓰고 음악도 찾아서 들을 줄 알아야 한다. 나는 손님 없는 시간에 핸드폰만 만지작거리는 주인이나 직원이 있는 곳치고 오래가는 카페를 본 적이 없다. 심심하다고 친구들을 불러 모아서 노는 경우도 있는데, 그러면 그 카페는 금세 친구들만의 아지트가 되어버린다.

그리고 내가 생각하는 또 한 가지 중요한 조건이 있다. 카페는 계속 사람을 대하는 일이기 때문에 항상 밝은 표정으로 손님을 맞을 수 있어야 한다. 무표정한 얼굴로 응대하는 주인이나 따분한 얼굴로 일하는 종업원이 있는 곳에는 그와 비슷한 표정을 한 퉁명스러운 손님만 오기 마련이다. 주인과 손님도 궁합이라는 게 있어서 시간이 지날수록 주인이 힘들어하는 스타일의 손님은 자연스레 멀어지고 좋아하는 유형의 손님은 단골이 된다. 카페야말로 사람과 사람 사이의 공간이다.

우리는 다행히도 그동안 좋은 사람을 많이 만났다. 물론 내 커피를 좋아해주고 음악 이야기를 좋아하는 사람들이 주로 단골이 되었다. '빈빈이네'는 우리가 크고 작은 모임에 초대하는 가장 젊은 부부다. 볼 때마다 어쩌면 저렇게 예쁜 짓만 골라 할까 싶은 생각이 들 정도로 아기자기하게 산다. '소장님 부부'는 항상 두 분이서 손을 잡고 다니는 것이 인상적이었다. 경찰 공무원으로 은퇴하신 소장님은 얼핏 보면 전형적으로 무뚝뚝한 경상도 사나이인데, 알고 보면 그렇게나 정 많고 따뜻할 수가 없다. 그리고 도예가 '고 선생네'는 클래식 기타를 전공하는 그 집 아들 채윤이 덕에 친해지게 된 가족이다. 고 선생네 아들은 우리 카페에서 몇 번 기타 연주를 한 적이 있다. 도자기라는 것이 굽는 사람을 그대로 닮아서 나온다는 것을 알게 해준 부부다. 이런 손님들이 있어서 카페를 버티게 한다. 사실 카페를 운영하는 행복의 절반은 손님이 가져

다준다.

어제는 가을비가 내렸다. 우리가 좋아하는 '이 교수님 부부', 정확히는 울산대학교 시각디자인학과의 이규옥 교수가 요즘 밤에는 안톤 브루크너(Anton Bruckner, 1824~1896)와 슈베르트에 빠져 있다는 메시지를 보내왔다. 그 문자를 받았을 때 나는 슈만을 듣고 있었다. 글렌 굴드와 줄리어드 4중주단이 연주하는 슈만 피아노 4중주였다. 3악장 중간 부분에서 비올라가 주제 멜로디를 받는데, 옆에서 제1 바이올린이 춤을 추며 장식한다. 황홀하고 아득한 순간이다. 너무 아름다워서 울고 싶을 정도였다. 나는 이 교수님에게 이 곡을 추천하면서 "술이라도 한 잔 놓고 들으면 정말 죽음이지요"라고 답신을 보냈다. 그러자 지금 당장 들어보겠다는 회신이 왔다. "이 책, 좋아요" "그 음악이 좋더군요"라며 술잔 권하듯이 나누는 사람이 주위에 있다는 건 멋진 일이다. 이 역시 카페가 준 선물이다.

: 음악에 미쳤고, 사랑에 미친 남자

가을밤의 음악은 확실히 슈만과 브람스 사이쯤에 있는 것 같다. 요즘 내가 빠져 있는 사람은 슈만이다. 로베르트 슈만과 클라라 슈만(Clara Josephine Wieck Schumann, 1819~1896)의 사랑 이야기, 그리고 그 사이에 있던 또 한 명의 남자 브람스가 만들어낸 순정 드라마는 너무나 유명하다. 예나 지금이나 사랑에 빠진 남자는 나사가 빠진 것처럼 좀 바보 같아진다.

결혼 문제로 힘든 씨름을 하고 있던 어느 날 클라라가 슈만에게 「편지」를 보냈는데 「편지」 중에 이런 구절이 있다. "당신은 가끔 날 어린 애로 만드는 것 같아요." 별것 아닌 말 같지만 사랑에 빠진 슈만은 그 말이 그리도 좋았나보다. "그래? 그러면 나는 음악으로 답장을 해야지" 하면서 만든 곡이 「어린이 정경」이다. 어린이의 세계를 열 세 곡의 피아노곡으로 표현한 것인데 어른을 위한 동화라고 불릴 만하다. 그중 7번 곡이 '꿈나라'라는 뜻의 「트로이메라이」이다. 정말 단순한 곡이지만 피아노의 거장 블라디미르 호로비츠(Vladimir Horowitz, 1903~1989)가 죽는 날까지 앙코르곡으로 연주하던 곡이 「트로이메라이」였다. 멋진 연주는 오히려 담담하다는 것을 호로비츠의 연주가 알려주었다.

슈만은 30세가 되던 1840년에 클라라와 결혼에 성공했다. 클라라 아버지의 극심한 반대에 부딪혀 법정 투쟁까지 해서 이루어낸 결혼이었다. 슈만은 결혼의 기쁜 마음을 모두 노래에 담아 클라라에게 바쳤다. 그해에 작곡한 노래만 130곡이 넘는다. 사흘이 멀다 하고 한 곡씩 만든 셈인데, 그게 다 「시인의 사랑」 「여인의 사랑과 생애」 같은 불세출의 명곡이었다. 오죽하면 1840년을 슈만 '가곡의 해'라고 부른다.

결혼식 전날인 9월 11일 밤에도 노래를 지어 클라라에게 바쳤다. 그 때 만든 가곡집이 「미르테의 꽃」이었는데, 그 가곡집의 첫 곡이 「헌정(Widmung)」이었다. "당신은 나의 영혼, 나의 심장, 당신은 나의 기쁨, 나의 고통, 당신은 나의 세계, 그 안에서 내가 살아가나니……." 프리드리히 뤼케르트(Friedrich Rücket, 1788~1866)의 시를 노래로 만들어 신부 클라라에게 바친 것이다.

결혼 다음 해는 일명 '교향곡의 해'였다. 드디어 「1번 교향곡 '봄'」을 발표하면서 슈만은 본격적으로 자신을 세상에 알리기 시작했다. 그리고 이듬해 1842년에는 '실내악의 해'로 앞에서 말한 피아노 4중주를 비롯하여 세 개의 「현악 4중주」 「피아노 5중주」 「피아노 트리오」 등이 한 해에 모두 쏟아져 나왔다. 이건 평범한 사람이 할 수 있는 일이 아니다. 음악에 미쳤고, 사랑에 미친 사람만이 해낼 수 있다. 게다가 클라라가 누구인가. 당대 최고의 여성 피아니스트였다. 누구보다도 음악을 많이 알고 연주해온 사람이었다. 그런 클라라이기에 슈만의 열정과 재능을 한눈에 알아보았다. 그가 얼마나 자신을 사랑하는지도 알았을 것이다. 그렇지 않다면 그런 음악이 나올 수 없었을 테니까.

: 잊히지 않는 것들, 심장이 기억하는 것들

불행히도 슈만과 클라라의 아름다운 결혼생활은 오래가지 못했다. 슈만은 정신병으로 입원해서 결국 세상을 떠났고, 그의 빈자리를 브람스가 평생 맴돌았다. 나는 가끔 클라라가 왜 브람스와 결혼하지 않았을까 궁금했다. 그러나 이제는 알 것도 같다. 슈만과 함께한 그 시간은 클라라에게 영원히 잊히지 않는 시간이었겠구나 하는 것을. 형형한 눈동자, 미친 열정, 사랑을 가득 담은 수많은 음악, 그 음악을 연주하며 서로 기뻐했던 순간들, 그런 건 잊히는 것이 아니다. 그런 기억은 심장 속에 파편처럼 박혀 있어서 죽을 때까지 가지고 가는 것 아닌가? 클라라 역시 그랬으리라 생각한다.

가을이다. 창밖으로 보이는 영축산의 빛깔이 매일 달라진다. 이 아름다운 계절에 아내와 고양이들까지 모여서 슈만의 가곡과 실내악을 듣고 있다. 그래! 지금이 가장 좋은 시간이야. 지나간 시간은 어차피 다시 오지 않을 것이고, 앞으로의 시간은 이보다 더 늙은 모습일 테니. 내일은 손님들에게도 슈만의 「피아노 4중주」를 들려줘야겠다.

"당신은 나의 영혼, 나의 심장,
당신은 나의 기쁨, 나의 고통,
당신은 나의 세계, 그 안에서 내가 살아가나니……."
– 슈만의 가곡 「헌정」 중에서

제3장
나누다

: 놓칠 수 없는 음반 :

슈만 「피아노 4중주」, 브람스 「피아노 5중주」 – 줄리어드 4중주단, 글렌 굴드, 레너드 번스타인

글렌 굴드는 성격상 실내악을 잘하지는 않을 것이라 생각한 나의 편견을 완전히 바꿔준 앨범이다. 줄리어드 4중주단의 완벽한 하모니에 더해진 굴드의 피아노가 별처럼 빛난다. 커플링된 브람스 5중주는 번스타인이 피아노를 맡았다는 점에서 이채롭다. 과거 CBS 시절의 음반이라서 지금은 절판되었지만, 소니 음반사에서 다른 디자인으로도 발매한 적 있다. 눈에 띄면 무조건 사두어야 할 음반이다.

슈만 「피아노 4중주」 중 3악장 – 자닌 얀선, 율리안 라흘린, 마르타 아르헤리치(Martha Argerich), 미샤 마이스키(Mischa Maisky)

첼리스트 미샤 마이스키가 말러 교향곡 5번의 아다지에토를 비롯하여 쥘 마스네(Jules-Emile-Frédéric Massenet, 1842~1912)의 「명상곡」, 슈베르트의 「노투르노」 등 느리고 절절한 곡만 모아서 음반으로 발매했다. 그중의 한 트랙으로 도이치 그라모폰 음반사의 어벤저스급 연주자들이 모여서 슈만 「피아노 4중주」의 3악장을 연주했다. 루체른 페스티벌 실황 녹음으로 화려한 칸타빌레 선율이 빛난다.

: 유튜브에서 보고 듣기 :

슈만 「피아노 4중주 작품번호 47 3악장」 – 다이신 카시모토(Daishin Kashimoto), 리제 베르토(Lise Berthaud), 프랑수아 살크(Francois Salque), 에릭 르 사주(Eric Le Sage)

이 곡은 좋은 녹음이 많다. 보자르 트리오, 클리블랜드 4중주단 등의 음원이 있지만 유튜브 영상으로는 이만한 게 없다. 카메라 구도가 정말 뛰어나고 연주도 좋다.

슈만 「헌정」 리스트 편곡 – 예브게니 키신(Evgeny Kissin)

슈만의 가곡 「헌정」을 리스트가 피아노곡으로 기가 막히게 편곡해놓았다. 성악 버전으로 듣고 난 후에 들어보면 훨씬 와닿을 것이다. 제라르 수제(Gerard Souzay, 1918~2004) 같은 옛 바리톤의 목소리도 좋고, 요즘 가수라면 마티아스 괴르네(Matthias Goerne)도 좋다.

브람스 「현악 6중주 1번」 – 덴마크 4중주단 외

슈만 「피아노 4중주」 3악장에 비할 만한 브람스의 느린 악장이다. 브람스 역시 클라라에게 많은 곡을 바쳤다. 주제와 여섯 개의 변주로 구성된 이 곡의 2악장은 황량하기 그지없다. 오죽하면 '브람스의 눈물'이라는 별명이 붙을 정도일까. 곡을 만든 직후 브람스는 2악장을 피아노곡으로 편곡하여 클라라의 마흔한 번째 생일 선물로 보냈다고 한다.

맺음말
오늘의 커피, 하루의 음악

: 책이 나오기까지 세 명의 여인이 힘을 보태주었다. 이 책은 지난 2년간 월간 〈맑은소리 맑은나라〉에 연재한 글을 묶은 것이다. 내 글을 과감히 실어준 김윤희 대표에게 감사한다. 또한 이 책의 세세한 방향을 설정해서 단행본으로 엮어준 살림출판사의 서상미 주간에게도 진심으로 감사한다. 그리고 모든 기획과 섭외, 사진, 홍보를 맡아준 아내 김우경에게 사랑과 고마움을 전한다.

양산 통도사 자락에 〈베토벤의커피〉를 열 때부터 매일 아침마다 '오늘의 커피'를 정했다. 꽃이 만발한 날은 에티오피아 예가체프를, 낙엽이 떨어지면 인도네시아 만델링을, 그리고 눈이라도 올 것 같이 차분한 날이면 콜롬비아를. 다시 말하지만 이 책에 실린 커피의 맛 표현, 커피와 음악을 매칭하는 기준은 순전히 내 주관적인 취향이다.

커피 업계에는 커피의 향과 맛을 좀 더 객관적으로 표현하기 위한 자료들이 많이 나와 있다. 아로마 휠(aroma wheel), 플레이버 휠(flavour wheel), 센서리 렉시콘(sensoy lexicon) 같은 도표에 맛의 종류를 아주 세밀하게 구분해놓았다. 그러나 나는 커피 맛을 "너티하면서도 블루베리 향이 감도는……" "메이플시럽 계열의 달콤함과 와이니한 숙성향" 운운하는 메마른 단어에 가둬놓고 싶지는 않다. 그보다는 오히려 주관적이고 정서적인 표현으로 말하는 편이다. 이를테면 '오늘의 커피' 설명에다 "낙엽진 오솔길" "비 오기 전의 흙냄새", 좀 느끼하지만 "희미한 옛사랑의 그림자" 등을 적어놓는데, 손님들의 반응이 훨씬 좋았다.

한 발 더 나가서, 그러한 커피의 느낌을 음악적 기분으로 연결시켜본다면 어떨까? 커피로스터이자 음악평론가가 손님에게 줄 수 있는 최상의 선물은 "이 커피에는 이 음악이 좋아요!" 뭐 이런 것이 아닐까, 라는 것이 기획 전문가인 아내의 생각이었고 별로 반박할 여지를 찾지 못한 나는 그 생각을 글로 옮기기 시작했다.

글을 쓰기 시작하면서 커피 맛과 음악의 기쁨도 배가되었다. '오늘의 커피'를 놓고 '오늘의 음악'을 고르면서 우리는 수많은 얘기를 나눴다. "신이시여, 이것이 정녕 제가 볶은 커피입니까?"라고 자화자찬하며 웃기도 했고, 음악이 어쩌면 이렇게 아름다울 수 있냐며 울먹거리기도 했다. 나에겐 한 잔의 커피와 한 곡의 음악이 오늘을 살아낼 수 있는 하루치의 정서적 양식이다. 나는 이렇게 생각한다. 행복은 내일이 아니라 오늘에 있고, 행복은 '빅픽처'가 아니라 디테일에 있다고. 아마 남은 삶도 이런 식으로 살아갈 것 같다. 좀 더 욕심을 부린다면 음악과 커피를 좋아하는 사람들과 그 기쁨을 같이 나눌 수 있으면 더욱 좋겠다.

맺음말

음악, 커피를 블렌딩하다
베토벤의 커피

| 펴낸날 | 초판 1쇄 2018년 12월 28일 |
| | 초판 5쇄 2023년 10월 12일 |

지은이 **조희창**
사 진 **김우경**
펴낸이 **심만수**
펴낸곳 **㈜살림출판사**
출판등록 1989년 11월 1일 제9-210호

주소 경기도 파주시 광인사길 30
전화 031-955-1350   팩스 031-624-1356
홈페이지 http://www.sallimbooks.com
이메일 book@sallimbooks.com

ISBN 978-89-522-4009-5 03670

※ 값은 뒤표지에 있습니다.
※ 잘못 만들어진 책은 구입하신 서점에서 바꾸어 드립니다.